河馬教授說故事

大自然裡的生命教育

張文亮 著

目次

推薦序

因為愛而奉獻的故事

這些年來，在荒野保護協會為孩子舉辦的自然營隊裡，常常見到一種現象，有許多能言善道、自然知識豐富的孩子，真正到了森林裡，反而最容易不耐煩，無法靜下心來觀察，當然也就更談不上體會生命的流轉，與大自然做朋友了。

我想，或許是因為電視頻道裡鉅細靡遺的生態影片，或者印刷精美的圖鑑百科，以及無所不在的網路，現在的學生雖然擁有豐富的自然知識，但是對於自然生命的感受力反而逐漸喪失。因此，如何激發他們的好奇心，引導孩子重新看見生命，享受大自然的美好，反而成為新的挑戰。

河馬老師在這本書裡，做了最棒的示範。從生動真切的描述中，我們可以看見一位熱情的老師，如何透過我們習以為常的植物，同時也總是被我們視而未見的植物，讓學生重新看見自然生命，也看見我們與自然環境的關係。更重要的是，從這些故事中，也呈現出河馬老師的生命價值與信仰，這是一個老師可以給學生最棒的禮物。「經師易得，人師難尋」，知識隨處可得，但是生命典範的影響，卻能帶給正在掙扎徬徨、情緒困擾中的學生多大的生命力量！

河馬老師壯碩的身軀像是一根大柱子，他以自身生命全然投入教育工作，成為一根站得很穩、支撐房子得以不倒的柱子。在他的身教與熱情感染下，他的學生也會變成一根又一根支撐國家社會的柱子。

因此，這不只是一本講植物知識的書，而是敘述一個因為愛而奉獻的故事。

——知名作家、荒野保護協會榮譽理事長　李偉文

像雞蛋花一樣有智慧

這幾年路上的雞蛋花愈來愈常見了，我總以為是因為樂活概念加上峇里島風影響的關係。不過雖說常見，我對雞蛋花仍是很陌生。直到看到張文亮老師書中那篇〈了解雞蛋花的智慧〉，才明白原來台灣早就有雞蛋花，也才知道雞蛋花背後還有這麼多故事。因為有機會先閱讀這本書的書稿，雞蛋花對我開始有了多重的意義。

透過老師的解說，我看到雞蛋花成長背後的偉大智慧和美好計畫。過去這些植物就長在那裡，帶著滿身的故事，安安靜靜的長大，而我也一直有眼不識泰山的從他們

面前走過。現在，因著閱讀書中的植物故事，這些綠色的夥伴們都立體而鮮活起來，老師厲害的說故事能力，讓每一種植物突然都像武林高手一樣，個個不容忽視。老師除了講說植物本身的知識之外，還刻意加入文史的眼光，還有他自己的成長、生活與研究的經歷，和教學上的真實故事。我才發現，原來當一位懂植物又有滿腔熱情和愛的達人，說出來的故事會有這麼豐厚的層次。

我覺得這本書就像雞蛋花一樣，張文亮老師把他的科學專業、對生命的熱情、對生活的智慧、對學生的愛，和對造物者的敬畏，用故事細細的調和，像雞蛋花的花瓣一樣巧妙的旋繞在一起，寫成了這一本《河馬教授說故事——大自然裡的生命教育》。這本書也如同雞蛋花一樣，不只美麗，更有智慧。

——親子天下閱讀頻道總監　張淑瓊

文字的光合作用

一個科學人，以文學心織就本書。以是之故，此書讀來，彷彿每個字都在行光合作用，以極大的面向滋養著大家。讀此書，一如帶著喜悅，在陽光森林中漫步。

——知名作家、校園共讀推手　凌拂

為專業注入熱情，用愛感化學生

剛開始選修老師的通識課程時，我正面臨人生低潮。不確定未來方向，讀書提不起勁，甚至有嚴重的課業拖延行為。幾次到學校心輔室想正視問題，卻無法根本解決。後來，我在老師的課堂上，得到了救贖，不僅準時繳交報告，學習動機更是益發強烈。也因為這堂課燃起了學習熱忱，其他學科也開始漸入佳境。

記得有次跟著老師帶領啟明學校的學子，用視覺外的感官體驗校園生態之美。我對於這些視障的孩子在老師的引導下，觸摸花草樹木時臉上雀躍的神情，頗受震撼。後來，我複製老師的導覽模式，跟朋友發起了「黑暗中生態遊」的校園活動，活動所得，完全捐助盲人相關福利機構；之後又舉辦「社會創新巴士——青年社會創新學習之旅」，這些用專業幫助世界的理念與熱情，皆濫觴於文亮老師。

與其說文亮老師是教授，我反而覺得像是個牧人。因著他的眼，我們明白前方是片青翠的草原。學習，不靠胡蘿蔔與鞭子，因為文亮老師點燃了我們心中對知識的渴求，與對世界的愛。

——社會創新巴士創辦人　胡庭碩

作者序

在自然科學教室，體會愛的故事

觀賞大自然是非常輕鬆的事，尤其是觀察植物。植物始終靜靜佇立在固定的地方，不曾離開，似乎等待著我們去認識。學習觀察植物，不用強記植物的名字，只要經常去看他們，自然就會記住。也不用強迫自己，觀察植物一定要看出什麼名堂來。凡在大自然所見之物，具有自動啟發人類天賦的功能，彷彿在人的身體裡有一條回應大自然的牽線，只要觀察大自然一段時間之後，自會有所體會。

中學時期，國文與英文一直是我的弱科。我多次努力，還是無法將國文裡的虛字、尾語、轉折詞等牢牢記住，即使考前反覆背誦，每當考卷發下，我一看到題目，頓時大都忘了所記。我也搞不清楚英文動詞的時態，不明白介系詞 in、on、of 使用上的區別。用「背念」方式學習語文，對我來說，幾乎是一場又一場的挫敗與沮喪。一直到我進入大學之後，有機會透過大量閱讀中、英文書籍，在沒有需要背誦的高度壓力下，才品嘗到學習的喜悅。

經由在長期的學習過程中，屢遭挫折的親身經驗，我體會到關於學習的幾件事：剛開始學習時，若太注意細節，會失去了解事物全貌的喜悅；若太在意成績，將失去融會貫通時，獲得亮光乍現的驚喜。

每個人都有適合自己的學習方式，只要中途不放棄，必定會有所得。我們不需要以世上常用的指標，評量自己學習的成果。每一個人都是獨特的個體，適合眾人的標準常為平均值，不一定適合不屬於平均值的人。請給自己一點時間，再給自己一些機會，持續不斷的學習，只要堅持下去，會逐漸發展出自己學習的特色，體會學習的真諦。學習認識植物也是如此，只要擁有學習熱忱，永遠不嫌遲。

二〇一二年，我在學校開設「自然科學概論」的通識課程，教導學生觀察大自然，並將觀察的心得轉換成文字，做為與眾人相互分享的材料。課程的目的在讓學生了解大自然的內涵價值，透過大家對植物的認識、觀察、參與及分享，課堂中經常能激發出美好的火花。不管念哪一門科系，學生都可以成為一個「大自然的翻譯者」，品味大自然的美，體會大自然的意涵。我相信，認識植物是認識大自然最好的切入點。

選修這門課的學生約有兩百六十位，還有一些未修課的學生、學生的家長、學生的朋友也來旁聽，常將上課的教室坐滿，有些人甚至坐到了地板上。上課之餘，我也會邀請學生一同騎腳踏車、搭公車或捷運，到戶外進行探勘。戶外的課外活動不是為了成績，而是自願親身到大自然中學習觀察。沒想到，每次參與活動的學生出席率都很高。原來這個時代，學生主動學習的熱忱，還是非常令人感動，全然不像許多媒體總愛以負面描述年輕世代。

課後，我為學生編了份《台大地下刊物》，撰寫自己觀察植物的過程，每週分發給學生，做為課程之外的延伸閱讀。我喜歡在文章中，加入植物學的故事。我相信自然科學的學習，如果帶著故事敘述，將使科學與文史合一。上課期間，學生常在網路上傳閱這些資料，也有不少人給予我回應。這本書，就是刊物內容的彙整。

教材編寫的內容是我對植物的觀察、學生問題的討論、相關的科學期刊、植物學家傳記史四個方面彙整而成。修課學生的科系囊括電機學系、法律學系、企管學系、外文學系、森林學系、生命科學系等約四十個學系。課程進行到最後一堂，許多學生留下 e-mail 或電話與我相約，希望日後一起再到野外探勘，讓大自然的小花、小草知道，我們又來了。

後來，學校將這門課列為第一屆「開放式課程」（OpenCourseWare，簡稱 OCW），全程予以錄音、錄影，並放在學校網頁 http://ocw.aca.ntu.edu.tw/ntu-ocw。此外，上課的資料與文件放在 http://2012naturalscience.blog.ntu.edu.tw，供人免費觀看。

我在台灣大學任教已經超過三十年，二〇一九年正式退休。至今，我依舊清楚記得第一天來學校應徵教職，在系上的走廊遇到一個學生，學生看到我說：「老師好」。當時初次被人喚為「老師」的興奮之喜，延續至今。我在五十七歲時，知道逐漸接近退休，決定在教授專業課程之外，額外開設大班級的通識課，以接觸更多不同科系的學生。我感謝我的學校，每年提供五百多個學生來報到，每個人一學期要聽十六個星期的課程。

下課後，我閱讀學生的上課心得報告。我發現現今有些學生具有情緒困擾，用詞刻薄，動輒謾罵。我能夠感受到撰寫報告的另一端，有一顆掙扎、徬徨的心靈，受到一些無以名狀的情緒所苦。我知道學生的心像電腦的鍵盤，不一定按了某個按鍵，電腦就會產生期待的反應。有些問題的按鍵，我看不到；有些按鍵我看得到，卻按不著。我只能帶著盼望與等待，盡力去教學。教育是種服務業，服務讓人柔軟，帶著愛心往前。

這堂課有位學生，第一次繳交的心得短短數字：「老師，你在胡言亂語」。以後，我無論教什麼，他的回應總是：「老師，你又在胡言亂語」、「你怎麼又在胡言亂語」、「這次，你較少胡言亂語了」。我知道，他不是針對我，而是反覆吐露他心裡的難處。

其實，我深深的知道，這種學生更需要走入大自然。這門課，幾乎是為他而開。我在他的作業心得報告上，寫些勉勵的話，但是他的回應仍然沒有改變。一直到最後一次的心得報告，他的報告中才有比較正面的回應，並繳交了一份很有內容的期末報告。

這個學生驟然的改變，給了我深刻的驚訝，原來在教育的崗位上努力盡職，終究可達其功效。好學生教不壞，壞學生可教好；沒問題的學生可以給他們好問題，有問題的學生不一定就是「有問題」。總有一個時候，人心裡的鍵盤會有反應。

我　謹將此書獻給
我的學生，
因你們來上課，
使我學習更多。

作者簡介

大家好，我是河馬教授

小學時，父母給我一個外號，叫「津津有味」。因為學校的功課，讀得不怎麼樣，課外的芝麻小事，倒可以講得津津有味。

初中時，同學給我取個外號，叫「呆子」，因為呆子的功課，讀得不太好，課堂上還與老師衝突，幾乎被學校開除。

高中時，自己給自己取個外號，叫「笨三」，這是愚昧加 est。笨三長得粗壯，還被學校抓去當糾察隊員。

大學時，又有新的外號，叫「小花弟兄」，因為剛剛信了主，只盼望能像小花一樣的單純，不過別人說，沒看過這麼大棵的小花。

研究所時，朋友都稱我是「哭泣的蚯蚓」，暗戀、單戀、失戀，接踵而至，才開口禱告「主耶穌啊」，眼淚已流一大灘。

出國念博士班時，妻子都叫我「阿夫」，每當我遇到難處，沮喪自責的時候，妻子就說：「不准你罵我的阿夫」，給我重新思考與提醒。

回來任教時，我要學生叫我「河馬教授」，因為上帝曾吩咐約伯，你且觀看河馬。河水氾濫，即使漲到口邊，上帝保守使他安然。

「呆子」有時，「笨三」有時，「小花弟兄」有時，「哭泣的蚯蚓」有時。如今，已經不再羨慕什麼「長」，只想靠著上帝一生做個好家長與盡責的師長。

這一切，實在是津津有味。

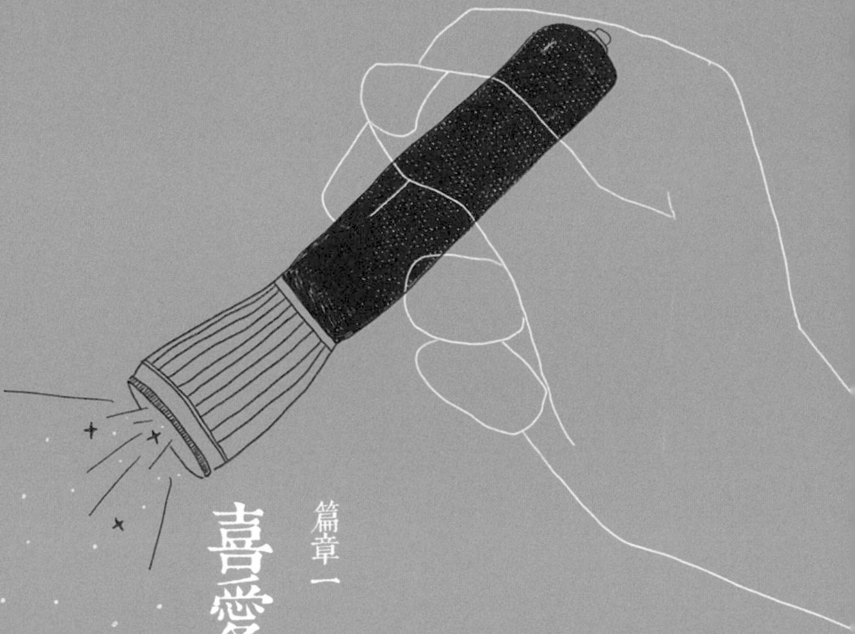

篇章一

喜愛大自然的一門課

野地的植物，
不用花錢，能觀看，
走到野地，能觀察。
即使野外，
有時狂風，有時暴雨，
有時乾旱，有時幽暗，
植物的生命依然旺盛。
只要有點亮光，植物就能存活，
而夜，竟是植物成長最好的時機，
像是手電筒，黑夜裡更顯功用。
這給經常失意、失望、病痛、苦悶的人，
因觀察植物，而得提醒。

「為什麼人會在乎野外的一株植物呢？」學生常問道。

我總如此回答：「植物的存在，與我們生命的價值有關係。」

植物時常經歷氣候的變化、土壤的乾濕、昆蟲的咬噬、人為的破壞等，卻仍能持續存在，且生意盎然，這是何等恩典的見證。植物就像個路牌，指引美好的前方，讓人重拾盼望向前行。

從研究中找到美

我不是植物學家，而是喜愛植物的人。我大學念的是工程類學科，研究所時，指導教授徐玉標老師建議我用「布袋蓮」（*Eichhornia crassipes*）與台灣水質的關係做論文。當時的我沒有植物學的背景，連布袋蓮長什麼模樣都不知道，不過我還是全力以赴、努力研究。結果順服帶來蒙福，我開始喜愛上植物。

後來我到美國加州大學戴維斯分校（University of California Davis）念書，修了不少植物學的課程。

我的主修是「環境物理」，副修是「環境化學與生物」。受到學習物理學的影響，使我在觀看植物時，彷彿多開了一道門縫：植物的顏色、生長的方向、與陽光的互動、陽光對葉片的穿透性、葉子在風中的搖擺、葉片的大小、不同葉片的比例、花瓣的排列、莖的伸展、植物在空間的分布、清晨露珠在葉面凝結的位置、種子的樣式、植株的結構、花粉的傳播、昆蟲的咬痕、周遭土壤乾濕的影響等，常成為我觀察植物的切入點。

觀看植物，我近觀有時，遠看有時；站著看有時，蹲下看有時；低頭看有時，抬頭看有時；趴著看有時，躺下看有時；清晨看有時，午間看有時，夜間看也有時。

用植物來溝通

我在美國念書期間，認識一個女孩子。第一次約會時，我非常緊張，一時不知道該講什麼。於是，就講起自己研究布袋蓮的心得，因為那是我最熟悉的部分，結果一口氣就講了數小時，完全不用打草稿。認真研究帶來美好的果子，十個月後，我和這位女孩子結婚了。婚後，我還是持續分享校園裡樹木的故事給妻子聽。那時的我們雖然很窮，但能與妻子在樹下散步、分享，是一件很幸福的事。

後來我回到台灣教書，發現許多學生對於大自然相當陌生。不久，學校的文學院請我開設一門「自然科學概論」（Introduction of Natural Study）的課，教導學生認識大自然。由於是在文學院開課，所以我常透過故事，講授自然科學。後來，學校將這門課列為「師資培訓課程」與「通識課程」。

我認為想要認識大自然，可以先從觀察植物做起。植物總是安靜的站在那裡，一時沒時間去看，植物也不會逃走。我更喜愛「植物分類學之父」——林奈（Carl Linnaeus, 1707–1778）於一七四三年所寫：「認識植物是為學習開一扇窗，來認識上帝創造的世界。」

與植物為友

二十世紀著名的生物化學家克雷布斯（Hans Krebs, 1900–1981），曾經發現生物細胞中葡萄糖分解轉換成能量的過程。至今，普世課本仍以他的姓氏，稱這些反應為「克雷布斯循環」（Krebs–cycle）。他在晚年時寫道：「對大自然的喜好程度，不在於觀察者的年齡大小，而在觀察的深度。觀看野地的小草，不需要特別的天分，而在持續的學習。能夠看出小草在變動的環境中，不易令人察覺的適應力，需要耐心。這些觀察能提升人們內在鑑賞的品味、自我獨立學習的能力，與對美好深深的持守。」

「觀察」的英文是 observation，ob 是指「去」，serve 是指「注意」。因此合起來看，observation 就是指「去注意看」。中文的「觀察」，也是「觀看」與「察驗」的組合。所以觀察是指「親自前往，使所看有個焦點」。至於焦點，則因人而異：可能是唯美的參訪、藝術的取材、休閒的觀看、生態的喜好、農業的採集、瀕危物種的保育、商業的用途，或學習印象的加深等。植物是個寶庫，人帶什麼容器來，就可以帶什麼走。

搭建愛的橋梁

現今，許多學生已經距離大自然非常遙遠，課堂中的紙本教材，經常取代學生親身觀察大自然的能力。其實大自然就是最好的教材，所有的知識與智慧，就寫在植物上。現在，我的每次上課，都是向上天最深的期盼，希望讓上課的學生，也愛上大自然。也許期盼與現實之間，仍有道鴻溝。但是鴻溝之上，依然可以架設橋梁，終有一天能讓學生走過來。

真的會有學生走過來嗎？是的，我相信。「如今常存的有信、有望、有愛。其中最大的是愛。」（And now abideth faith, hope, charity, these three; but the greatest of these is charity.）愛使老師有信心、有盼望，總有學生會感受到這愛。

親愛的，當你仍在考慮要不要走過來時，請容讓我介紹植物之美吧。認識一種植物，你便多認識一個老朋友。

了解植物的用途，
若大量的栽植，可以獲得「財富」。
了解植物的生長，
若深入的研究，可以獲得「知識」。
了解植物的生命，
若單純的觀察，可以帶來「讚嘆」。
許多人，
總想將財富、知識、讚嘆劃上等號。
人生如果只能有一項，
你要先選哪一項呢？

張文亮話教育

擁抱布袋蓮的日子

深夜、荒郊，路冷清。一道燈光亮自地平線，我在路邊拚命揮手、大叫，車子依然呼嘯而過。看著逐漸消失在黑暗中的車尾燈，我沒有怪人家，因為我的全身，插滿了「布袋蓮」。

那是一個有夢的年代，那是一個有理想的年代。布袋蓮成為我年輕時代充滿研究熱忱的最佳舞台，享受自研究中發現知識的樂趣。我在實驗室裡日夜與布袋蓮相處，或在野外經過一個又一個的鄉鎮，探勘一條又一條的溝渠，只為尋找布袋蓮為何長在這裡的奧祕。連作夢，都夢到布袋蓮在對我微微笑。

有一次，我的論文指導教授徐玉標老師問我：「有人半夜在我們的實驗室大聲唱歌，是你嗎？」我回答：「是的，老師。野外採回來的布袋蓮要立刻栽種，水樣要立即分析。整夜通宵做實驗與布袋蓮相處，讓人興奮莫名，不禁唱詩讚美上帝。」我高興的說道。

三十年後，徐玉標老師退休，他說在台大教書多年，我是他所見最自動自發的學生之一，也是他所聽過最會唱歌的學生。我也才知道，老師總會在深夜巡視實驗室，默默的關懷學生。

篇章二

世界上的植物爲什麼這麼多種？

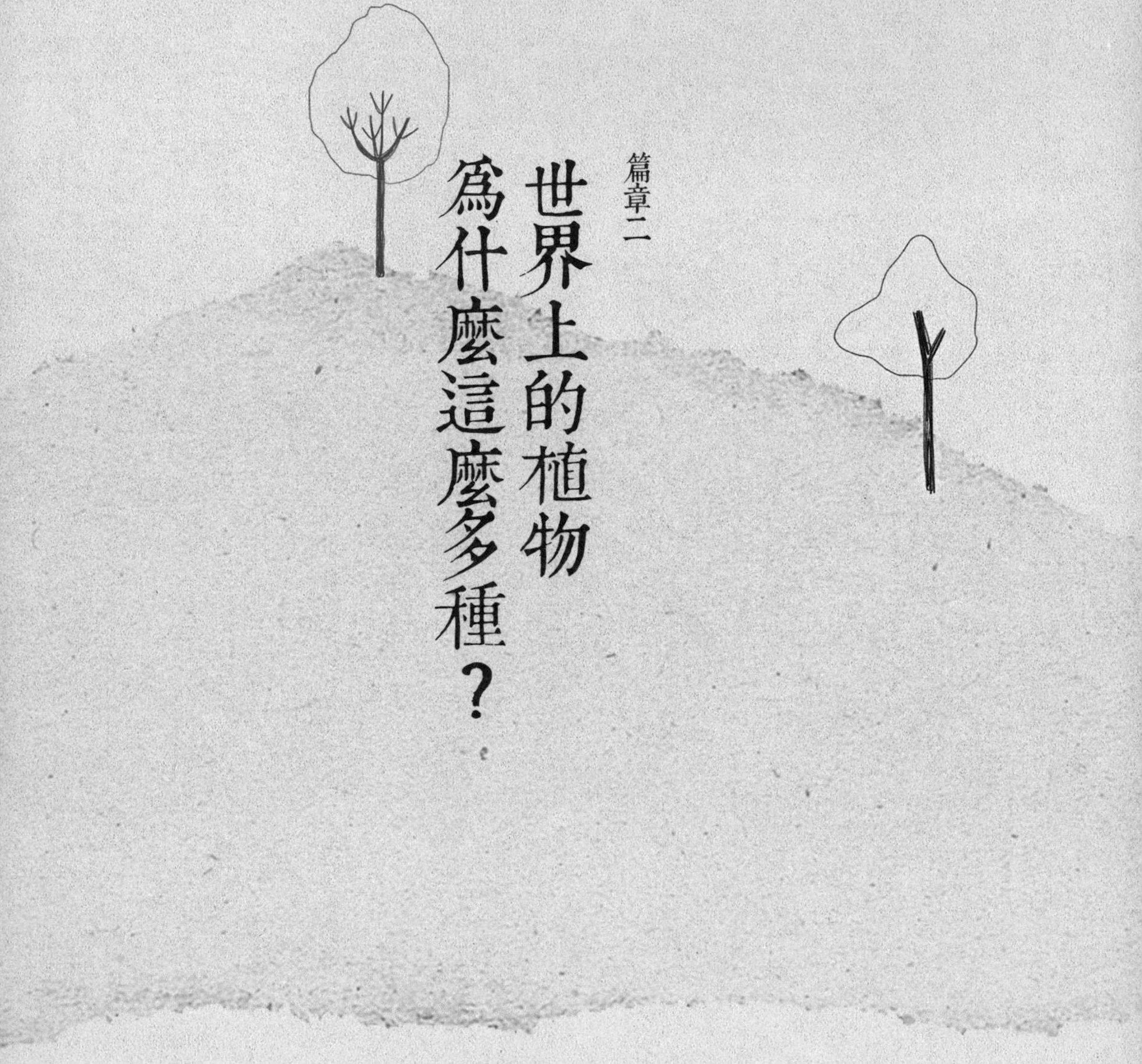

那一天，下午四點鐘，
我覺得肚子有點空虛感，
在學校福利社買了一杯拿鐵咖啡與海綿麵包，
坐在樹下的石椅上，享受醉人的寧靜。
才剛吃沒幾口，
兩個學生騎車前來，問我面前這棵樹的特性。
唉！學生怎麼不看看老師正處於何等的閒情逸致？
好吧，有學生理你，總比沒有學生理你來得好。
我站起來，講了一些，
順便走了幾步，將樹上的鳥、樹下的蟲都講了。
後來，肚子餓得咕嚕直響，
才發現，麵包不在手上、不在嘴裡、
不在肚中、不在地上……
我不停的找，怎麼找就是找不到。
「怎麼這麼容易健忘呢？」我自問道。

從很久以前，植物就在人類生活中佔有重要的地位。在漫長的年代裡，人類所吃、所喝、所穿、所寫、所住、所種、所看……都與植物息息相關。有這麼多經驗的累積，人類應該對大地上的各種植物認識很多囉？不！還差得遠。

對於植物的無知

迄今，世界上的植物至少超過三十萬種以上，而人類知道用途的大約只有三千種：知道具有藥效的約六百種；當做食物的約一百五十種；當成主要糧食的有十二種（如稻米、大豆、玉米等）。除此之外，大部分的植物，人類根本渾然不知其用途，只會偶爾稱某些植物具有「水土保持」的功能，或具有「吸收二氧化碳」、「綠化大地」的功用。

在所有的植物中，人類真正知道其功用的竟只有百分之一。因此，讓我們先回到一個更基本的問題：「大自然裡的植物，為何會有這麼多種類？」

「植物為什麼會有這麼多種類？」這個問題可以考倒古今中外所有自認聰明的人。五千年前，傳說中國的神農氏知道嘗百草，你說百草算不算多？還是不夠多。希臘時期的哲學家知道三百六十種植物的用途，到了羅馬時代約增加到六百種，但這也不算多。

無知帶來恐懼

人類對於植物知道的非常有限，是一件嚴重的事嗎？我會回答：「是的。」一八九五年，賓州大學（University of Pennsylvania）植物學教授哈許伯格（John William Harshberger, 1869–1929）認為，人類對於大多數植物不了解，會讓大有用途的植物疏於保護，最後導致滅種。

植物可能是個極為龐大的醫藥庫，植物可以合成超過萬種的化學物質，可能成為醫治人類的良方。現今許多疾病被視為絕症，可能的關鍵在於，我們仍不了解某種植物的合成物對人體藥效的功能。我們若繼續放任植物品種快速滅絕，是在阻斷人類得到醫治的可能性。

為了認識更多植物的用途，哈許伯格建議應該向原住民請益，學習他們對周遭植物的使用。他創立一個新的學門「民族植物學」（ethnobotany）。他寫道：「植物的存在，不只是為了取得糧食，或是做為建材，也與醫治疾病有關。其對象不只是對人的疾病，野生動物也能得醫治。此外，植物的藥效也與生長的地理性有關，這些都需要有人去調查與研究。」後來，民族植物學成為一個重要的知識領域，更做為後來保育瀕危植物的重要依據。

哈許伯格從小就喜愛植物，在學期間與同學組成「觀察植物自然協會」。一八九三年，他在哈佛大學取得博士學位，而後到賓州大學任教。上課之餘，他到處旅行，足跡遍布中美洲、南美洲與太平洋諸群島，記錄各處原住民使用的原生植物，他認為：「這些紀錄，將為醫學帶來曙光。」又寫道：「植物是偉大的存在、榮耀的創作，值得人們去認識、探索。」

一九二〇年，他推動在原住民保留區，種植原住民的民族植物，因為「原住民的智慧，保存在民族植物裡」。此外，他並提倡原住民以民族植物做為製品，並推動對民族植物藥用的分析與研究。

了解帶來力量

哈許伯格曾在亞馬遜雨林，發現有些土著用一種馬錢子科的植物樹液，塗在吹箭上做為毒液，獵物一被射中，隨即麻痺倒地，束手就擒。他提出這種箭毒植物（*Chondrodendron tomentosum*）可能含影響神經的化學物質，是值得進一步研究的植物物種。後來果然發現，此種植物含有影響肌肉鬆弛的成分，萃取後可做為一種麻醉劑，以醫治精神疾病發作者，使其情緒暫時得到舒緩。

他也記錄太平洋島嶼的原住民，每當肺部或胸口不舒服時，就取紫杉（*Taxus brevifolia*）的老樹皮來燒，然後吸入樹皮燻出的煙。他認為紫杉可能含有某些未知的化學成分，對於肺部的疾病具有療效。他的看法完全正確。一九六〇年代，人類從紫杉的樹皮萃提出一種紫杉醇（*Taxol*），成為治療肺癌最常見的藥物。哈許伯格還指出有一種山谷間的百合花，含有減緩老年失智的功效。他認為能夠幫助人類解決各樣疾病的解藥，就存在於植物裡，植物是醫治疾病的大藥箱。

植物是大自然的寶庫

哈許伯格也提出，觀察牽牛花的顏色變化，可以判斷空氣中酸雨的強度。他認為野花生長的狀況，能夠反應出地理與環境的改變，具有環境預警的功能。他後來擔任美國生態學會的會長，在他任內，又成立「野花保育學會」，推動野花的保育。

哈許伯格是貴格會的基督徒，他寫道：「信仰給我帶來平靜的生活、和諧的心靈，喜好大自然的背後，必須擁有平靜的生活。一顆不和諧的心，不易體會大自然的美。」

一位優秀的老師，不只是致力於教學、研究與個人著作，而是成為學校裡的「傳奇」。哈許伯格就是賓州大學的傳奇，他在退休後，仍有許多學生向他請教。賓州大學後來成為普世民族植物的收集中心，哈許伯格則被後世尊稱為「民族植物學之父」。

在二十一世紀，民族植物學仍是方興未艾，許多人類未知的答案，仍然存封在廣大的植物世界裡。誰說，植物那麼多種是沒有意義？

張文亮話教育

從教室逃走的天才

我是公務人員的孩子，母親在銀行工作，父親在糖廠工作。弟妹成績都很好，但我的成績卻起伏很大。雖然我很喜歡念書，但考試往往無法呈現我努力的成果。

從小我就是個「問題學生」，小學五年級的時候，我因為討厭學校的教育方式，放火燒了全班考卷。中學時期因為總喜歡問一些奇怪的問題，被老師修理得更厲害。我問老師：「波以耳是誰？安培和焦耳是誰？」因為我相信，他們一定是活生生的人，而且是基於某些因素讓他們寫下這些公式。

但是老師要我不要再問這些問題了，因為聯考不會考，只要把公式背下來就好了。但我還是持續追問，就一直被處罰。有一次，我反射性揮手擋了回去，就被當做毆打老師，後來就被學校退學了。

回顧學習歷程，我是一個已經被教育界放棄的孩子，連大學都是重考才勉強考上的。但是，我後來為什麼會變成台大的教授？

這是因為，我在傳統的義務教育體系中，找不到對知識的喜愛。直到進了大學，再也沒有人給我壓力，從此學習之路海闊天空，再也不需要做一些無謂的競爭。

等我當了老師，也體會到，我們的中小學教育只用考試去評斷學生的程度，是在培養低層次的學生，不是在培養高層次的學生。高層次的教育，只要「問對問題」，學生就能自己找到答案。

（整理自《親子天下》第三十三期，一五四～一五六頁）

篇章三

校園種植大王椰子的祕密

大王椰子

學名：*Roystonea regia*
科別：棕櫚科
特徵：樹幹直立，高可達二十至三十公尺。除頂部長達三至四公尺之羽狀長葉外，沒有分枝。樹幹上有葉痕，可曉樹齡。秋時結橢圓形果實，小指頭大。

當天空是藍色，你說藍色是憂鬱；
當天空是灰色，你說灰色沒生氣；
當天空是黑色，你說黑色是幽暗；
當天空是橘紅色，你說黃昏已將近。
不！生命不該是那麼負面，
即使有挫折、灰心、重擔，與痛苦……
生命是奮力的長出來，不是苦巴巴的擠上來，
也許，讓你認識我的朋友——大王椰子，
聽聽他的故事吧。

在很古老的世代，「大王椰子」（*Roystonea regia*）已經生長在北美洲的南端，一直延伸到中、南美洲，都可見其身影。他們大都生長在海邊，一般可高達二十至三十公尺。大王椰子沒有分幹，除了頂部十二至十六片的羽狀長葉，沒有分枝，就好像經過上天特別的設計，很少植物能夠長得如此挺立與俊美。

拱形之柱

一七八〇年代初期，英國的探險隊在佛羅里達州看到這種植物時，聽聞當地印第安人形容此為「王者般的尊貴」，這植物一時被稱為 *Royal plant*，後來中文將其譯為「大王椰子」。

大王椰子先移種到歐洲，大受歡迎。由於樹幹泛白，幹上層層葉痕，彷彿是古希臘的拱柱，具有景觀之美。尤其路邊兩側種植成排，視覺上可營造為拱形（arch）的造型空間。拱形是彩虹的造型，自古以來，被認為是建築上最完美的造型結構。英文稱建築師為architecture，這字的原意就是會製造拱型的人。

大王椰子的葉子長達三至四公尺，每年約長四至五片葉片。每片葉子依一定的方位環繞莖頂，可存留二至三年，白天吸收陽光不同方位的光，有遮蔭效果。葉片多含矽質，質硬耐風，即使遇到強風暴雨，也不易脫落。

大王椰子在秋天開花結果，果實雖小，雀鳥愛食。有些蝸牛、蛞蝓在夜間會自地面爬至樹頂，攝食果實。太陽出來前，再爬下來，因而常在樹幹上留下爬痕。

我曾經在某個九月的晚上，前往量測蝸牛與蛞蝓爬上、爬下的時間，想訂其「時刻表」。看到晚上十點多，才被妻子在校園「尋獲」，立刻「領回」，以致迄今仍無法如願。

雷人與淚人

我在念小學時，成績很不好，上課經常被老師打手心。我常在心中納悶：

成績不好，是頭腦的問題，跟手心有什麼關係呢？手，是無辜的。下課之後，我常常躺在校園的椰子樹下，默默的看著椰子樹，望向藍天。

現在，我常在各大學演講，每當走進校園看到椰子樹，就有種偶遇老友的喜悅：「老友，我的心沒有變，總愛像你向天伸延，朝向藍天。在講台上，我的聲音大，如同『雷人』；多少夜裡，我在你的下方，像愛哭的『淚人』。別人看我是外表，唯有你懂我的實涵。」

我對老友也懂一些，請容我來向你說明他的好。我喜愛他的鬚根，總是垂直朝下長。他用有限長度的根毛，緊緊的抓住地，使高聳筆直的樹幹，難以被強風吹倒。大王椰子的莖長，有時可伸長到四十至四十五公尺，但是沒有人知道他的根有多深。有次學校在移植大王椰子，工人離去後，我立刻跳到坑洞中，用工人留下的鏟子繼續往下挖，底部還是有根，又往下挖，還是有根……後來，工人回來了，我立刻跳出坑洞，從滿是泥巴的褲子裡，掏出教師證，證明我不是「山老鼠」。

奇妙的不定根

大王椰子的根部有根瘤菌，使他在貧瘠的土壤中仍可生長。在生長初期（約一至五年），如果遇到惡劣的環境，他也不願放棄，會自莖部上長出「不定根」（adventitiously root）。不定根若落到土裡，會繼續生長，成為繁殖大王椰子的另一種方式。但是，如果環境改善，大王椰子能繼續向上生長，不定根就會停止生長，成為他樹幹上明顯的標痕。

大王椰子初期生長迅速，一年可長十公分，甚至二十公分以上。數算樹幹上的葉痕數目，就可以知道他的年齡，他至少可以活到一百三十至一百五十歲以上。葉痕的間距，可以知道生長的快慢。樹幹內有許多纖維，纖維內儲存大量水分，有助於安度乾旱期。即使在夏天，也很少看到有人給大王椰子灌溉。

Shu-ning

帶著喜悅的植物

我年輕時，背很直，肚子凹，胸部凸，體型像個「B」。結婚後，有妻子照顧，吃得好，肚子就挺出，體型像個「D」。最近，背彎了一些，體型逐漸變成「O」。大王椰子成長的過程中，體型也會改變，只是變法與我不同。環境好的年份，樹幹長得粗；遇到乾旱、多颱風，或被斷根移植的那一年，樹幹長得細。因此，有時會見其樹幹有粗的一段，有細的一段，有時細的上方又變粗，或粗的上方又變細，成為非常獨特的造型美。奇怪的是，竟然沒有人想到用此造型去設計紅綠燈。

如果仔細觀看樹幹，還會發現樹幹上留下鳥啄、蟲蛀、火痕的記錄，甚至有廣告紙的貼痕。大王椰子似乎不在意，不管那些外來大小的傷害，只要活著就是繼續生長。他是一種帶著喜悅的植物，多少患難也可以靠得住，難怪許多婚紗照，總愛在大王椰子邊拍照。我看到這種情景，總為我的老友高興。其實我也長得不錯，但是從來沒有攝影師，要我在別人的婚紗照中入鏡。

我最喜歡大王椰子葉子的葉尖下垂，下垂的幅度剛好可以承受到黃昏的餘暉。連落日前的光照，它都要珍惜，取來進行光合作用。大王椰子擁有這些好本領，卻不喧嚷，默默的被人當做行道樹看待。具有這種謙遜的個性，更配稱為「大王」。

彷彿，真正的領導，不是牛仔，而是牧人。

真正的得勝，不在明處，而在暗處。

真正的感動，不在大聲疾呼，而在默默的站立。

真正的持守，不在揮動高崗頂的軍旗，而是扎根到土壤的深處。

卓然挺立的大王椰子

我現在的辦公室，曾是日本時代日籍教授所使用的地方。他們在離開台灣時，將許多資料與書籍留在辦公室。我使用辦公室時，已有二位台灣教授轉用過，但辦公室仍留存不少日文資料。有一天，我無意間在這堆舊書中，看到當時園藝系教師中村三八夫（Nakamura Miyawo），在一九四三年所著《南國の果物》。他在書中提到，中國的「椰」字，原為「耳之相連」，意為父親，耶上加父字，即為「爺」，意即祖父。所以大王椰子代表著結實纍纍，代代相傳。

一九三五至一九四三年期間，中村三八夫擔任台北帝國大學的農場主任。一八九八年，大王椰子雖然已由日本人自中美洲引進台灣，但是種植並不普及。中村三八夫認為大王椰子對台灣的環境適應良好，名稱又別具意涵，就在校園內種植許多大王椰子。

如今，大王椰子不僅成為台灣大學的校樹，椰林大道也是校園中最重要的象徵地景。此外，在許多校園、公園裡、行道樹旁，也經常可見大王椰子的身影。下回看到大王椰子，請你也停下腳步，感受一下他那奇妙的生命力！

篇章四

杜鵑教我愛的本質

杜鵑

學名：*Rhododendron*
科別：杜鵑花科
特徵：株高約五至六公尺的常綠灌木，分布區域廣泛，品種繁多，葉形與花形多樣，枝條平滑或生有茸毛。春、夏季開花，花色繁多。需注意，全株有毒。

當我認識她時，
她是世界上最美麗的女孩，
雖然我的世界並不大。
那是我一生中最失意、最沒有自信的時候，
她願意嫁給我，讓我一生過好日子。
結婚至今，我似乎多認識她一些，
但是對我而言，她仍是個謎，
很多反應，我無法猜透。
但我漸漸體會到，
妻子不是給我了解，而是給敬愛。
我也用這種眼光，
觀看周遭的花草，
我稱這是「愛情的植物學」。

「杜鵑」（*Rhododendron*）是嗜冷性的植物，在世界上種類超過一千種。無論在阿爾卑斯山的山坡上，或是喜馬拉雅山高二千公尺的坡地上，都能生長。不同品種的杜鵑，其植株的高低、葉子的大小、花朵的形狀等，皆有所差異，各有其適應的地理條件與氣候環境。

低溫才能開花

杜鵑的花、芽，必須在低溫攝氏十至十五度才能生長，尤其適合十一至十二度的環境。在台灣，大都生長在北部的山上。二月中旬到三月下旬，為杜鵑主要的開花期，有些品種的杜鵑，到六至七月仍在開花。低溫的時期愈長，花期愈久；天氣一轉熱，花朵迅速凋落。因此，欣賞杜鵑的美，必須忍受溫度的冷。我常想，愛護一個女孩，似乎也要禁得起她臉色一時的冷若冰霜。如同杜鵑花開，冷霜之時也是美。

杜鵑是常綠灌木，自地面上枝幹叢生。枝條茂盛，可長到五至六公尺高。葉是披狀長卵形，大都叢生在枝頭，花朵也常開在叢生葉的頂端。杜鵑花朵大，一株可開出千、百朵花。開花之時，杜鵑花布滿全株。花朵的顏色有烏紅、深紅、紫紅、粉紅、橙紅、金紅，或有全白、粉白、白中帶紅斑等，變化很多，悅人眼目。每當成排燦爛綻放，更是形成花海一片，給人無比喜悅。由於相鄰之株易雜交混色，使同一植株能夠開出不同顏色的花朵，一朵花也能開出不同顏色的花瓣，因而杜鵑花總能呈現大自然的調和之美。

全株披毛的智慧

如果用手輕撫杜鵑葉片的表面，會發現葉子的正反兩面都有一層薄毛。這種葉子的表面有「阻力邊界層」（boundary layer of resistance），能夠減低風的影響。溫度過低時，有隔溫防凍的效果；溫度較高時，有防熱、減少水分蒸散的功能。

杜鵑並不耐旱，但常生長在山坡處，坡地的土壤水分不易留住。夏日夜間潮濕的水氣，冷凝在葉面成為水珠，便順著枝幹落入地表，補助土壤水分，幫助杜鵑度過乾旱。太強的山風，會對葉子產生機械性的傷害，造成葉片枯黃。所以杜鵑經常生長在較高的喬木旁，獲得擋風的效益。生長在邊界的杜鵑，易受大風，葉子將呈棕色的葉焦。如上，可藉此判斷杜鵑種植的位置，是否可能遭受太大的風速，做為經營杜鵑花園的指標。此外，溫度較高時，黴菌滋生，造成葉片有焦點。高溫太久，將使杜鵑容易產生菌害，杜鵑花也成為氣候變遷的指標物種。

難預測也是美事

因為受到氣候、風速、土壤、高程等影響，杜鵑花每一年開放的多寡，很難預測。植物營養的狀態，也會影響花開的多寡。如果，每一年都要期待花團錦簇，勢必要增加園丁的操作：噴藥、施肥、剪枝、灌溉與移去舊樹等。

德國森林學家哈提格（Robert Hartig, 1839–1901）提出，野地的植物有其開花與結實的週期，有的三年（如蘋果）、有的五年（如杉樹）、有的八年（如檸檬）才盛開一次。開花是生命本能的呈現，最好是裡外合一，如果每一年都要求花朵盛開，長期將對植物造成傷害。

大地上的生命，各有其活動的週期，大都不是人所能預測，更非為滿足人類的需求，刻意現身。成為一個愛花的園丁，是期待每一年都要看到花開很多，才叫成功？還是尊重其開花的週期，花多開時，欣賞其豐富；花少開時，欣賞其孤寂？

葉子顏色的巧妙

杜鵑的葉子在正常生長的情況下，具有三種顏色：乍生的綠葉，長在枝頭前端，以較大的角度朝向天空；生長一陣的葉子，色呈濃綠，葉片水平；變黃的老葉，葉片略垂，位於株幹的下方。乍生的新葉伸延方位多變化，似乎每一片新葉都要在生長的位置上，找到能夠承受最多陽光的角度。杜鵑成熟的葉子顏色較濃綠，濃綠代表葉綠素的密集，葉子若受到一點光照，就能進行最大量的光合作用。

杜鵑經常生長的坡地，土壤中鈣、鎂等鹼性離子容易流失。這種土壤易呈酸性（pH值大都在三點八至五），酸性土壤多貧瘠。所以，杜鵑老葉會將營養分傳輸到新葉與嫩芽，完成任務後，方落至地面。

葉子的告別

生命的不同階段，各有其功能，每一個階段都不能被取代。即使到了葉子枯黃，杜鵑仍像一個偉大的籃球投手，將最後的一球投進才退場。杜鵑最感動我的地方，就在杜鵑葉子最後的一役，仍將自己末後的精華，送到最迫切的地方。這種告別與樹聯結的方式，雖是默默無聲，卻如頂級藝術者的生命告白。

杜鵑生長的環境與土壤，也適合茶樹生長。當人們大量種茶，就容易砍伐杜鵑。拓寬道路時，也常將路旁的杜鵑砍除。一九五八年，陽明山道路拓寬時，我的學校將即被砍除的杜鵑移到校園栽植，後來校園中才有杜鵑花燦爛綻放的盛況，遂有「杜鵑花節」的慶祝活動。沒想到早期匠人之所棄，反成為校園引人駐足之所在。現在校園裡有幾株瀕危的「烏來杜鵑」，混生其間。也在提醒人，寧為野生植物留生機，勿為私慾去砍除。

長期的觀察之下，我對杜鵑了解一些。迄今，每當經過杜鵑旁，多看幾眼，仍有些新的體會。我對自己的伴侶，也是如此，這就是愛的本質。

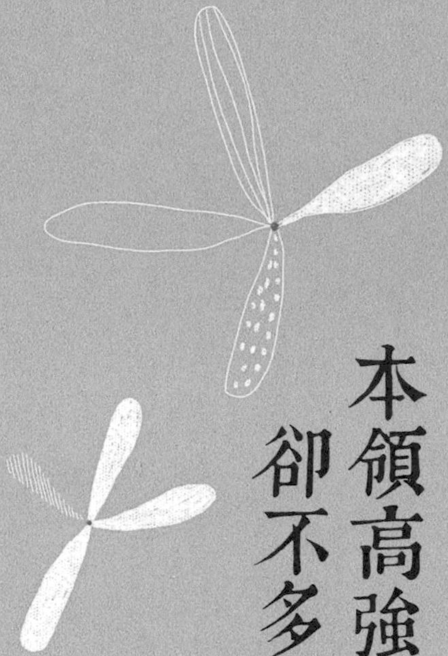

篇章五

本領高強，卻不多佔空間的流蘇

流蘇

學名：*Chionanthus retusus*
科別：木犀科
特徵：台灣原生植物，屬落葉喬木，高約十公尺。四月初期開花，花萼深裂成四片，白色花瓣細長，望之有如流蘇，故得其名。樹幹質材堅硬，可製為算盤子。

如果，我沒有愛，
請不要明白太多大自然的知識。
以免擁有知識，卻滋生驕傲，
而失去愛。

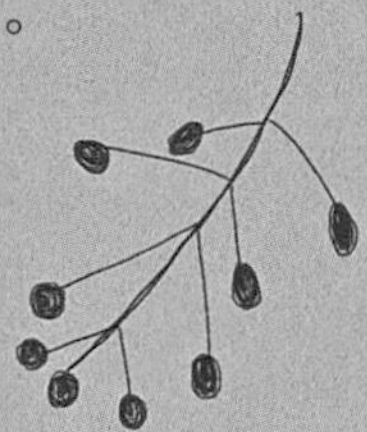

早期在北台灣的林口台地，有一種植物，於四月初期開花，花朵是由四片雪白、舌狀的花瓣組成，形狀如同早期編織的飾物，故稱為「流蘇」（*Chionanthus retusus*）。開花時，花朵在枝頭叢簇。一株流蘇可同時開放上千朵的小花，是世界上開花最多、最美麗的花樹之一。白色的花朵幾乎染白樹叢，樹名又稱為「四月雪」。

美麗的危機

流蘇的美，非常吸引人。每年四月，流蘇樹旁總有人在觀賞、拍照、寫生。流蘇容易盆栽，許多人又喜愛在花園種植，常有人盜伐野生流蘇，以致林口台地的流蘇已經稀有。每當我看到花園中的流蘇開花，心中固然讚賞流蘇的美，但眼見人們移種太多野生的流蘇，一時難過又湧上心頭。

花園的美，不該來自破壞野地森林的美。何況，流蘇要種在通風良好的地方，密植栽種的流蘇，若一起開花，空氣中花朵的香味太濃郁，會使得體質過敏的人，易生呼吸道過敏性的刺激。

每一種生命都有其特色，流蘇生長的特性，幾乎可稱為「古怪」。流蘇的樹皮非常的硬，又具厚度，以致樹皮內部的維管束層，不易向外增生，堅硬的樹皮，幾乎限制自身的生長。流蘇大都生長在氣候溫暖，海拔兩百公尺以下的丘陵地，卻有高山低冷環境植物的特性，生長極為緩慢。幼樹時期一年頂多生長十公分，一旦長到六公尺，幾乎不再增長。

慢活的智慧

觀察流蘇，不要只在看花。流蘇樹皮有許多的「陵紋」（ridge），呈現樹皮組織緊密，處於緊繃狀態。樹皮雖年老，卻不常脫落。一般樹皮若掉落，樹木就容易染菌，或被天牛攻擊，甚至在樹幹留下穴洞。日後風大，染菌的部位將容易斷枝。流蘇生長的對策則是：寧願側枝很少，不求枝幹繁多；採扎實、緩慢的長，不願鬆散、貪快的活。

流蘇植株愈多樹皮剝落、枝幹愈蜿蜒、樹皮多皺紋，代表流蘇生長的年代久遠。迄今，沒有人知道流蘇可以活多久（數百年、甚至千年以上），生長期間只要承受足夠的陽光，花就盛開。我們學校門口種了一棵流蘇，大概想讓學生由枝幹的蜿蜒，知道學校存在久遠；或願學生在未來，對社會的貢獻如流蘇開花般的繽紛。

每種植物背後都有故事

流蘇花期約一個月，開花後結果，果實為綠色。到了九月，果實轉為藍色。果實落地後，種子的休眠期很長，約要十八個月才發芽，期間很容易被其他的生物攝食或分解。這使得野外的流蘇，大都生長在較乾旱，土壤、昆蟲與黴菌較少的地方。流蘇種子發芽後，前三年長得快，而後生長趨緩。每年累積的營養，是為開花結實、繁殖新株之用。

一七三七年，著名的瑞典植物學家林奈，自海外取得流蘇的標本，將其命名為*Chionanthus*。Chion意為「雪白」，anthus為「花」，意即「雪白之花」。一八一四年，宣教士凱瑞（William Carey, 1761–1834）在中國與印度的邊界，才發現這種傳說中美如白雪的植物。後來的研究也發現，其樹皮多含抗分解木質酸（lignin）與多酚類（polyphenol），難怪早期中國雲南地帶的人們，用

流蘇具苦味的樹皮，做為保護肝臟的藥材。流蘇後來移植到美國，北美洲的鹿幾乎能吃各種樹的樹皮，唯獨不敢吃流蘇的樹皮，使得流蘇成為「防鹿植物」（deer resistant tree）。

人生，有另一種指標

「慢活」的流蘇是我的老朋友，一般人視其具景觀之美，卻忽略其具藥用與防鹿等功能。無怪一九一七年，加拿大的植物學家傑弗瑞（Edward Charlie Jeffrey, 1866–1952）在著作《木本植物組織學》（*The Anatomy of Woody Plants*）中寫道：「生命存在的形式，絕對超乎我們所擁有的知識。我們對已經熟悉的植物，仍有許多未知，何況是不熟悉的植物，未知更多。植物以高度分化的細胞，組成不同功能的組織，成為長期保護大地與環境的使者。迄今，植物與人的關係雖然緊密，我們對其的了解仍然太少。」

流蘇似乎總在提醒我，一生的成就不在攻城掠地，為自己強佔更多空間。

而是數算自己的日子，培養慢慢結實、選對開花時間的智慧。因為，「事情的終局強如事情的起頭；存心忍耐的，勝過居心驕傲的。」

人生，另有一種指標，是超乎世俗標準所能衡量。

張文亮話教育

快樂的自然教育

我從小就覺得，坐在教室裡無法滿足學習的需求，我比較喜歡聽教室外面的鳥在叫、樹葉是那麼的綠、雲是那麼的藍，所以上課時我很容易分心。下課後，我喜歡到野外去，因此我的自我學習都來自野外，因為在野外，每當遇到看到不懂的、或是無法再深入觀察的事物，例如：「雲為什麼會是這個形狀？」「葉子跟花朵的顏色為什麼會差這麼多？」然後，我就會去圖書館翻書找答案。

著名的兒童教育學家、同時也是《青少年自然史雜誌》(*Junior Natural History Magazine*) 的主編舒特里華滋 (Dorothy Edwards Shuttlesworth)，在《帶孩子探勘大自然》(*Exploring Nature with Your Child*) 一書中寫道：「孩子對大自然有股天生、神聖的喜愛，但是這愛容易被熄滅。如果父母與老師帶著孩子接近大自然，這愛將持續燃燒，並使他們的一生，因著熱愛大自然，過得更豐富、有趣且有意義。」

反觀我們的學校教育，小學教育常有「自然科學」的戶外課，留給孩子美好的回憶。進了中學之後，親身觀察大自然的課程幾乎消失。而大學教育，以為只要讀課本，就可以取代親自接觸大自然的學習。到了進入社會，人更難與小花小草有所接觸。我們應將大自然視為一本可閱讀的書，與君長伴，一同走入大自然學習。

篇章六

了解雞蛋花的智慧

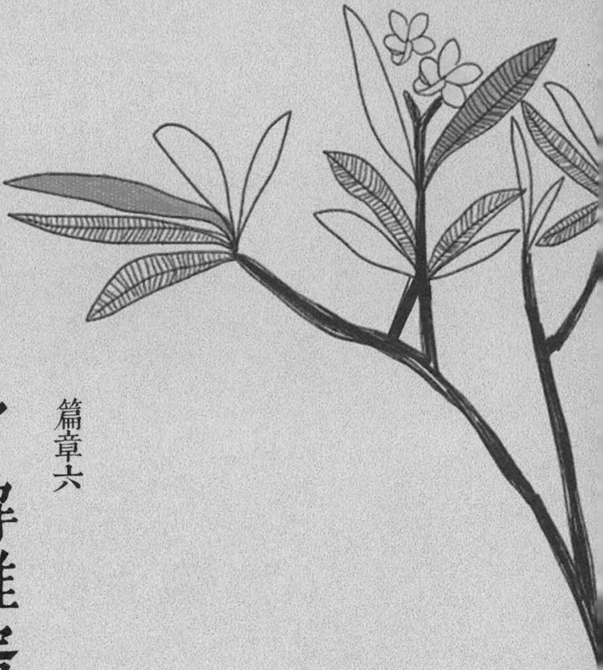

雞蛋花

學名：*Plumeria rubra*
科別：夾竹桃科
特徵：屬落葉喬木。三月至九月開花，乳白色花冠裂片捲旋，中心基部為豔黃色，形似煮熟的雞蛋，故得其名。枝幹粗壯，呈現叉型分枝。需注意，除了花朵外，全株有毒。

有一天，有個學生在問題單上寫道：
「老師，什麼是『自然』呢？」
我的答覆是：
「自然（nature），不是自然而然，
是被賦予的本質，
如同我們出生的地方，是native，
我們的國籍，是naturalization。
大自然有被賦予的本質，
了解這本質，是學習認識大自然的價值。」

我從小就認識「雞蛋花」（*Plumeria rubra*，又稱緬梔）。因為小時候，有次我的母親帶我出門，看到雞蛋花時，她說：「從前日本時代，天氣炎熱時，許多人頭上易長頭蝨。老師教我們將雞蛋花採下，放在水中揉一揉。等花朵浸入水中一陣子，用這水洗頭髮，就不會長頭蝨，頭髮也會散發出淡淡的香味。」兒時所聽，成為一生深刻的記憶。

遇到高溫就開花

我後來讀了一些植物學課本，尤其是「人文植物學」（humanistic botany）類書籍，才知道母親的說法正確。雞蛋花的白色乳汁具有輕微毒性，能抑制頭蝨的蟲卵與蚊子的幼蟲。荷蘭人於一六四五年，已將雞蛋花自中美洲（海地或墨西哥）移種到台灣。最早大都種在池塘岸邊，期待落花進入水體，來抑制停滯水中可能滋生的蚊蟲，減少傳染病的傳播。

雞蛋花是熱帶樹木，只要氣溫高於攝氏十八度就長葉開花，低於十八度則不易開花。氣候溫度愈高，雞蛋花開得花愈多，是很有趣的自然溫度計。溫度較高的地方，雞蛋花樹幾乎一年四季都開花，不會因為被人摘幾朵去洗頭髮，開花就受到抑制。

許多雞蛋花的花瓣為白色，內部深黃，如同雞蛋內部的顏色，故稱為「雞蛋花」。雞蛋花還有不同的色系，如黃色、粉紅色與深紅色等，非常美麗。為了吸引夜蛾前來授粉，夜晚雞蛋花的香氣會更加濃郁。

花朵的探險家

雞蛋花的學名，是為了紀念傑出的法國植物學家帕魯賓爾（Charles Plumer, 1646–1704）。他在十六歲時進入「最小兄弟會」（The Order of Minims）修道院，並在修道院裡學習植物學，他寫道：「精確的植物觀察者，是自然之美的典藏家」、「植物的多樣性與旺盛的生命力，常常令我感動」。

一六八七年，法國國王路易十四（King Louis XIV，1638–1715）委派他到中南美洲，尋找外界未知的物種。

一六九〇年，他從海地取回兩百種西印度群島的植物；一六九三年，他到多明尼加、薩爾瓦多等地從事植物探險；一六九五年，他又到巴西進行探勘。

他一生之中，自熱帶雨林帶回高達四千種的植物標本。後來，他因為擔心在潮濕的地方，植物標本將無法長期保存，改以用繪畫記錄植物。他寫道：「採集植物不為滿足個人或眾人的好奇，我相信愈了解植物，人類一定得幫助。」他最大的期待，就是能找到醫治傳染病的植物。後來在科學史上，尊稱他為「西印度群島花藝學之父」（Father of the West Indian Flora）。

帕魯賓爾有一個外號叫「傻子」。他多次遠渡重洋，深入叢林，長途跋涉，即使由國王任命，他也不在意自己負擔費用。別人問他：「你靠什麼生活？」他說：「聘我者，是你們不知道的那位。」

他在巴西探勘時，聽說當地有一種植物，當地女性常取其花別在髮際，既美觀又可減緩頭皮發癢。他認為那可能是一種防頭蝨的植物，但是一時沒有找到標本。一七〇四年，他第四度前往採集時，於船上病逝。為了紀念他，一七五三年，植物學家林奈為此植物命名時，就用帕魯賓爾的名字做為學名。

在十八、十九世紀，帕魯賓爾擁有非常高的知名度，每當生物學家提到他，常稱他是「最值得敬重的小弟兄」。生物學中「種」（species）的觀念，是他最早提出的，後來也影響了植物分類學的觀念。可惜，早期植物學者的努力與貢獻漸被人淡忘，以致很少人知道，偉大的植物觀察者，經常是用生命做賭注的大地探險家。

智慧型植物

我們若帶著欣賞的眼光去看雞蛋花，可能會愈看愈有趣。例如，雞蛋花在未開放前，五片花瓣是巧妙的旋繞，開花時花瓣依序旋轉而開。花瓣旋開的力量，來自導管細胞的水膨脹壓，產生不同的舒張。

雞蛋花樹的樹葉向四面八方伸展，可以吸收到不同角度的陽光。此外，雞蛋花樹的葉子大片，且都生長在樹頭頂端，能減少不同枝高的葉片相互擋光，對陽光有較佳的攔截。此外，葉片生長的角度很大，雨滴易從葉面排走，較不會感染黴菌。這些巧妙的生長方式，證明雞蛋花不在追尋最大的光合作用量，而是最佳的光合作用量，是一種智慧型的植物。

我在校園中曾舉辦過數個梯次的「雞蛋花解說」，來聽解說的聽眾都不認識我，他們大都在校園散步，聽到解說聲或看到解說隊伍才加入行列。當別人聽得有趣，自己講得愈興奮。植物實在是說故事的好題材，雞蛋花的面面觀，可講一個小時以上。

我講話時會口沫橫飛，講得愈熱情、愈興奮，會進入忘情的階段，這時口水噴得更多、更廣、更遠。這對周遭聽解說的人，無疑的是一種威脅。遇到這種「噴水型」的解說老師，大家只好默默忍受，他們大概會猜：「這個老師是誰？怎麼一種植物就可以講得這麼激動呢？」我只能微笑著回答：「我是一個喜愛雞蛋花的老師，收集雞蛋花之美的人，是了解大自然之美的詩人。」

認識大自然的內涵價值

大自然是令人喜悅、充滿驚奇的所在。對於心中擁有如孩子般單純、天真心靈的人而言，大自然像個豐富的舞台，時時刻刻有著千萬個把戲正上演，令人驚訝、感恩與歡呼。但是，也有些人認為大自然是人類尚未開發的荒蕪之處，假使沒有利用價值，就沒有用處。

對大自然的認識會產生上述不同的觀點，我認為最主要的原因在於，認識大自然的「視角」不同。大自然觀察是開發大自然的內涵價值，如果懂得開發這種潛在的價值，人類會比較有智慧的去管理自然資源。反之，如果不懂得開發這潛在的價值，那麼對你而言，雞蛋花就只是一種花、大王椰子就只是一棵直直的樹而已。

舉例來說，我本身是一個會玩花式飛盤的飛盤手。一般人對玩飛盤的印象，就是你丟我接的遊戲。但同樣是玩飛盤，花式飛盤手卻能用不同於一般的玩法來變化，可以正手投擲、反手投擲、擲出去再把飛盤接回來……。

認識大自然也像玩飛盤一樣，當我們試著用不一樣的視角，來觀察習以為常的大自然，你就會成為一個自然界的翻譯者，看見別人所看不到的美！

就像每一種生物，都蘊藏著精采故事；每一個社會，都有沒說出的心聲；每一顆心，都有迫切的需要。但很少人，願意在這些地方下功夫，尋找亮點，揭露美麗的光。

篇章七

小明媽媽喜歡的台灣欒樹

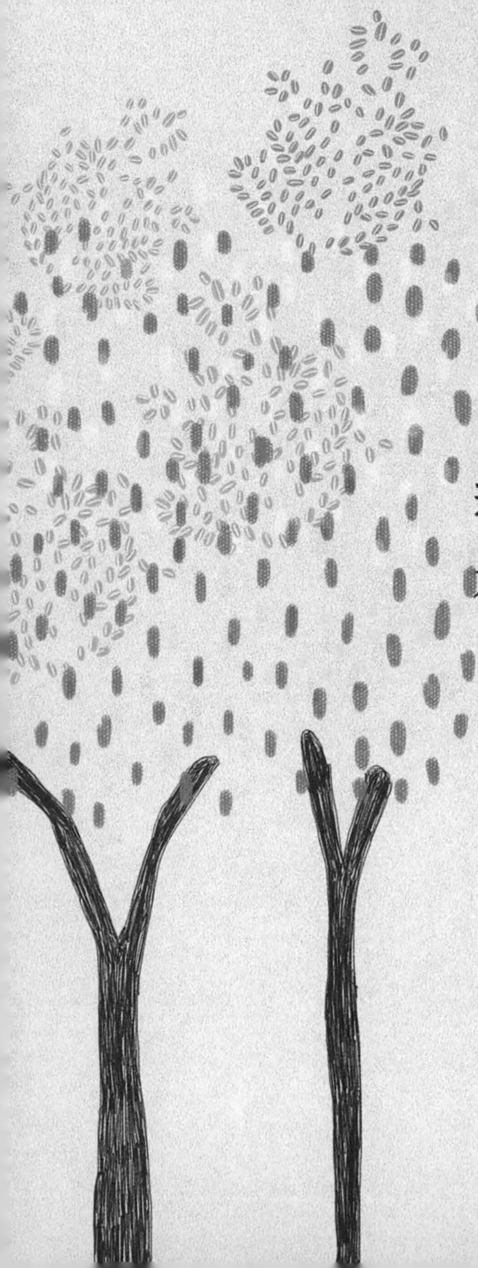

台灣欒樹

學名：*Koelreuteria henryi Dummer*
科別：無患子科
特徵：台灣特有種植物，通常於二至三月萌新芽，七至十月開花，十月至十二月結果，蒴果成囊狀，初呈粉紅色，而後轉褐紅色。十二月至隔年二月落葉。頂生圓錐花序，花為黃色。一年之中，隨時節變化，饒富景觀之美。

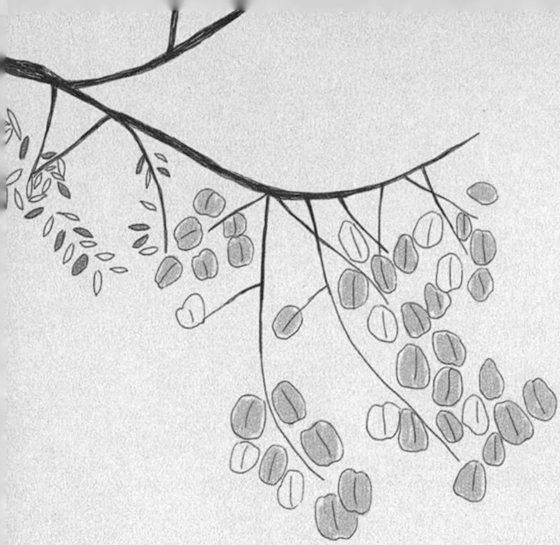

我在美國求學的時候，
學校圖書館每年會舉辦一次的舊書出清會。
那是我最興奮的日子，因為可以買到許多舊書，
而且每本書都低於美金一塊錢。
這也導致後來搬家時，
要搬許多箱的舊書，
我的妻子稱我是「喜歡搬書的陶侃」。

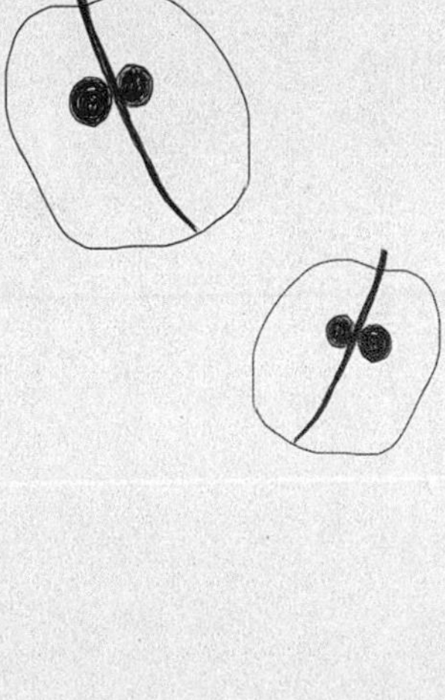

許多植物學的書籍不一定很有名，卻是很好的書。好書就像一位好老師，教導我們在大自然進行觀察、思考與分享。例如，我喜歡李蒙（Robert S. Lemmon）在一九四六年所著的《美國最受喜愛的樹》（*The Best Loved Trees of America*），教我學會一年四季站在同一個位置，觀看同一棵樹的趣味。我也喜愛湯普遜（D'Arcy Wentworth Thompson, 1860–1948）在一九一七年所著的《生長與形狀》（*On Growth and Form*），教我明白生物各式形狀都有其意義，並提醒我：「生物的造型，不只為承受外界變動的環境。更以最單純的外型，做最美的呈現。」

觀察大自然的喜悅

羅傑斯（Julia E. Rogers）在一九〇九年所著《每個孩子應該知道的樹》（*Trees That Every Child Should Know*）書中，教導人們如何用植物觀察的心得，與孩子進行溝通，他寫道：「學習觀察植物，要從什麼時候開始？答案是今日。」我經常翻閱這些書，並經由書中作者的智慧自我勉勵：不管已擁有多少知識，仍要懷抱一顆學習的心，走向大自然，體驗發現大自然的喜悅。

記得第一次看到「台灣欒樹」（*Koelreuteria henryi Dummer*）的種子，我就純然的愛上了。

那是何等奇特的結構！每粒種子的外面有二片薄膜，種子落下時，薄膜如同飛翔的雙翼，能減低種子與地面的碰撞。風起之時，風將裹著種子的雙翼，使種子飛翔到更遠之處。遠離母株，將使種子多得發芽的機會。種子落地時，翼膜經常覆蓋在種子的上方，能減少陽光對種子直曬，降低翼膜下土壤水分的蒸發，保持種子發芽所需的潮濕。

就是喜愛台灣的環境

「欒」是個古字，從字形上來看，象徵著樹木結實纍纍。中國有欒樹（*K.*

paniculata），但與台灣的品種不同。台灣欒樹是台灣的特有種，大多生長於中、南部的丘陵坡地上，尤其是邊坡地勢不穩，土石易滑落的地方。

台灣欒樹的根系很深，具有穩定邊坡的功能；茂盛生長的葉子，也能減少雨滴對脆弱土壤的撞擊，是水土保持的好幫手。台灣七至九月多颱風、下大雨，此時台灣欒樹不開花、不結果，保持植株體內的營養分，不做無效的工。待颱風期過後，才開花結果，一直持續到隔年二月。當我看到台灣欒樹結果，就知道颱風期要過了。台灣欒樹的果實留在樹上的時間很長，眾多的果實也成為鳥類終年可得的食物。

台灣欒樹開花時，雄蕊的內部產生「膨脹氣囊化」（pneumatocyst）的作用，外部也產生角質化，結果分化成六片帶膜的翼狀結構。每兩片雙翼中間有條凸起的隆脈，隆脈的中央聯結二粒果實。台灣山坡地多石礫，這種造型的種子，因具有薄膜上角質的緩衝，當山谷中的強風吹拂，使種子落地、滾動，種子亦幾乎不受傷害。種子的保存力，也使得許多山谷邊坡長滿台灣欒樹，間接使土地多得保護。

存在的價值

在有些國家，許多植物是沒有名字的，只有有用的植物，在地人才會為其命名。其實名字代表「存在」，不該受到有沒有用的影響。就像人一出生，會先取個名字，而非等將來「有用」，才有名字。

在台灣，許多植物皆有名字，這是一件感人的事，證明台灣先民十分注重植物的存在。可惜這些名稱都是俗名，不易與外界溝通。國際間對於植物有共認的學名，做為植物的認定與知識的交流基礎。

一八九二年，一名愛爾蘭的醫生亨利（Augustine Henry, 1857–1930），前來台灣的打狗（高雄的舊地名）採集植物，他在屏東附近（可能是鵝鑾鼻）發現台灣欒樹。為了紀念他的發現，後來台灣欒樹的學名，就以他的名字 Henry 命名。

我的岳母是杭州人，她有姊妹數人，我常跟著妻子去她們家拜訪。妻子叫她們「大阿姨」、「小阿姨」等，我就像一隻鸚鵡，妻子怎麼稱呼她們，我就跟著叫。岳母排行老三，老二叫「小明的媽媽」，因她有個孩子名叫「小明」。小明的媽媽很喜歡植物，她曾來我的學校散步，我負責為她解說、拍照，服務頗周到。逢年過節，她也會煮許多好吃的食物跟我們分享。

她老年罹患失智，後來住在陽明山的一個老人養護中心。我知道她喜歡台灣欒樹，有一次就推著輪椅讓她在樹旁觀看。當我們看到台灣欒樹的樹葉掉落、種子在空中飛翔的軌跡，彷彿像個舞者在落幕前奮力的躍起、旋轉、落地，那瞬間是何等優美，竟是放鬆的隨風而行。觀賞時，時間在靜默中流逝，感到無比安詳與平靜。

兩年後，她失智的情況更加嚴重，幾乎失去大部分的語言能力，後來身體不適，轉送到台北的萬華醫院。我常與妻子去探望她，妻子為她講話、按摩、擦藥，我在一旁唱詩、朗讀書本與聖經。離開醫院時，又看到台灣欒樹，心中突然一陣感觸。啊！台灣欒樹，你可知道，你為多少人帶來歡欣與盼望，無論遭遇任何困難的景況，讓我們的心，仍然可以舉著盼望的雙翼去飛翔。

Shu-ning

篇章八

當蒲桃果子放香時

蒲桃

學名：*Syzygium Jambolanum*
科別：桃金孃科
特徵：屬常綠喬木，是一種野生果樹，高約十公尺。三月中至四月下旬開花，開花時無數雄蕊伸出萼筒之外，宛如繁鬚。五月至六月結果，果實像小蘋果，果肉甘香可食，故有「香果」之稱。

中午，多雲。
氣象預報會下雨。
但是，雲不肯配合，
擠下幾滴雨水，就停工了。
在這炎熱之時，我本想打個盹，
靠著椅子一陣，仍睡不著。
起身，決定出去散步，
去哪兒散步？
也許哪裡有樹，就走到那裡。
可以摸摸樹幹的紋路，
聞聞葉子的味道，
端詳枝上的小花，
看看落葉的顏色。
路上除了一隻老黃狗，沒有人理我。
過了兩小時，
雨，還是沒有一滴也沒下，
樹，卻填補了時間的罅隙。

那天，我在樹下散步，忽然想到植物學家貝爾弗（Isaac Bayley Balfour, 1853-1922）。我與貝爾弗有若干點相似，出身物理背景，同為植物愛好者。貝爾弗的父親是牛津大學（University of Oxford）文學系的教授，他家就住在牛津大學旁。小時候，每當父親上課時，他就在教室外的花園裡玩耍，因此逐漸學會辨識一些花、草與樹木。不過，他後來並沒有朝著植物學發展，一八七〇年，他到愛丁堡大學（University of Edinburgh）就讀物理學系。

最接近大自然的地方

一八七三年，英國皇家學會（Royal Society）剛好在非洲東南方的羅德里格斯島（Rodrigues Island）成立一座天文台，要記錄金星在南半球夜空上的運轉。羅德里格斯島是印度洋上的火山島，面積約一〇九平方公里，在十九世紀初期，仍是座無人島，在島上可以看到南太平洋最純淨的天空，被稱為「最接近大自然的地方」。

當時剛從大學畢業的貝爾弗前往面試，並順利獲得此職。夜間，他觀察天文；白天，他觀察植物。他在這座島嶼住了五年，記錄了島上不少的植物。一八七六年，澳洲西北角成立新的天文台，於是他又轉到那裡擔任天文觀察員。他注意到當地的原住民在遷移住處時，會隨身攜帶一種種子，到新的居住區域栽種。經過仔細的觀察後他發現，澳洲原住民至少有四十種疾病的治療，都倚賴這一種植物來治病。其葉子可治療咳嗽，樹皮可減緩腹痛，種子可緩和心悸等。這種樹就是澳洲原住民最珍貴的藥效植物——「蒲桃」（*Syzygium Jambolanum*）。

荒島樂園

貝爾弗研究蒲桃的生長後發現，蒲桃不耐強風，但是耐蔭；他生長在年降雨量一千二百釐米以上的區域，需要生長在土壤排水良好之處，以防植物的根腐爛。蒲桃的花很美，原住民在蒲桃開花時舉辦慶典，並會用花裝飾住家。一八七九年，在貝爾弗對蒲桃提出詳實的研究後，使得蒲桃獲得普世的注意。

一八八〇年，英國在阿拉伯半島的南端索科特拉島（Socotra Island）又要成立天文台，貝爾弗又前往任職。在這座島嶼上，他發現外界從所未聞的「龍血樹」（*Dracaena cinnabari*）。他在天文台工作期間，一共發現約七百五十種不知名的植物。

一八八四年，牛津大學有一個植物學教授的職缺，獲聘者還要兼任學校植物園館長。貝爾弗提出申請，並在眾應徵者中脫穎而出，從此便擔任此職達三十八年之久。

開啟造園工程

貝爾弗上任後，便運用自身物理學的知識於植物園管理中，他提出植物園中植物的展示，必須先計算每一種植物佔多少的生長空間，以評估植物種植的位置，能否得到足夠的陽光。此外，還要考慮樹木的年齡、植物對周遭水土等微氣候的需求。他寫道：「植物園中展示的每一株植物，都是一本可供教學的課本，所有的課文都寫在樹木上。」他以植物園區陽光的光角，決定所要栽種的樹種；以植物園做為都市水土保持的示範，提倡以植物園為圓心，藉由在四周進行栽植，發展成都市「綠帶」（green belt）的中樞。這些做法皆開啟了後來的「造園工程學」。

他在牛津大學的植物園種植蒲桃，等蒲桃結果後，將種子分送到不同的國家。一九一〇年，貝爾弗掌心中的蒲桃種子，就這樣來到台灣。貝爾弗寫道：「植物使人健康。有些部落只要細心呵護一種植物，就可以使族人延年益壽。」他要人們多觀察植物，因為「只要多觀察植物的葉子、花、種子與生長環境，人們一定有所得。」

校園裡的果香

台灣的蒲桃在三月中旬至四月下旬開花，五月至六月結果。果實落地後，在合宜環境下能很快發芽。發芽後生長迅速，至少可長到十公尺高，樹木約可存活一百年。他的果實呈淺黃色，味道很香，台灣人稱其為「香果」。果肉微甜，可以食用，又稱為「小蘋果」。花苞約五至十個在枝頭群集，一起開花時如同一大叢白色的花朵。花朵在日、夜皆會盛開，能夠吸引蜜蜂與其他昆蟲前來。

蒲桃開的花結果時，我曾在校園舉辦「南島藥王——蒲桃的介紹與品嘗」，我將消

息轉告幾個朋友與過去的學生。沒想到講解時，竟然來了約六十人，其中有八十多歲的長者，是朋友的父親；有五、六歲的小孩，是學生的孩子。參加者包羅萬象，有教師、律師、工程師、醫師、軍人、保險業者等，還有兩位中風人士。眾人如此好學，國家應該還有希望。

在台大校園裡，約有十多棵的蒲桃樹，種植在五個不同的地方。不同處的蒲桃樹，樹齡不同，其中最大的一棵約有八十歲，仍然多結果子。我在蒲桃樹下講解時，讓參加者撿拾地上的蒲桃。我預先撿了幾粒，洗乾淨後，帶去給他們聞香，體會何謂果實「放香」。也將果肉切成小塊，給人品嘗，體驗野果的微甜。現代人已經習慣於菜市場購買水果，不知道許多市場不賣、果農未種的野生果實，其實也很好吃。

辦活動後的一個月，有個律師前來告訴我，他發現台北植物園內也有一棵蒲桃。他撿取果實內的種子，放置兩、三天後，種子仍可食用，他與我分享其味道微甜。「你吃了以後有沒有不舒服？」我不放心的問道。他笑著說：「沒有。」下一次到植物園，我也要取來吃吃看。

篇章九

台灣丘陵地，樟樹情

樟 樹

學名：*Cinnamomum camphora*
科別：樟科
特徵：台灣原生植物，屬常綠喬木，高約二十至三十公尺，主幹粗大，枝幹幹徑亦常超過一公尺。全株具樟腦芳香，樹皮有縱裂紋路。深綠色葉片葉緣呈波浪形，搓揉後散發芬芳香氣。花小，為黃綠色。漿果成熟時，呈紫黑色。

中國的武俠小說常提到「解毒高手」，
不管是——
被帶毒的掌風傷到、帶毒的暗器刺到、毒蠍螫到、
或是毒蛇咬到，
經過他們一番調理，
都可以去毒得康復。
但是，中國有一種更厲害的解毒高手，
在數公尺之下，就可以讓人去毒，
他的名字叫「樟樹」。

中古世紀時期，在中東與歐洲可見一種外來的藥品稱為camphora，這個字的發音是古印度語，但是此藥品並非來自於印度，而是自中國生產，後來輾轉來到印度，又經由阿拉伯人帶到歐洲。中東與歐洲的醫生，將camphora泡在橄欖油中給人飲用，味道雖然苦澀，但具有防止霍亂的功能。他們知道，這種藥是從一種植物提煉出來，只是不知究竟是哪一種植物。

「福爾摩沙」與樟腦

十三世紀時，義大利威尼斯的商人開始到中國的港口進行交易。他們發現，原來camphora被中國人稱為「樟腦」，是由「樟樹」（*Cinnamomum camphora*）所提煉而得。

十六世紀，隨著海權時代的來臨，台灣逐漸成為重要的航運站與貿易地點。一五四四年，葡萄牙人從海上遠望台灣，驚呼：「Ilha Formosa!」讚頌台灣為「美麗之島」。一五五四年，一位葡萄牙的製圖家，將其繪製的世界地圖上標出一座名為「福爾摩沙」的島嶼，那是有史以來台灣首次被標示在世界地圖上。

十七世紀，荷蘭人來台進行殖民統治時發現，原來台灣是世界上著名的樟樹產地，其提煉成的樟腦具有極高品質，便開始進行零星開採。後來，歷經十七世紀末的清領時期，以及十九世紀末的日本時代，台灣樟腦已然躍上世界舞台，卻也因此導致更多人伐樟製腦。

樟樹之美

「樟」樹之名，意即樹型伸展如同文「章」優美。樟樹的主幹高度約二十至三十公尺，主幹粗大，枝幹也大，枝幹的幹徑常超過一公尺，非常顯目。樟樹的枝幹長在側向，伸展常與地面平行；枝幹長在主幹上方，分枝大都直接向上。樟樹的主幹撐著枝幹，枝幹撐著分枝，如此類推，構成空間上受力的協調。

樟樹大都栽種在空曠處，讓其枝幹充分延展，形成造園之美。

樟樹大都生長在海拔七百公尺以下的丘陵地，其樹葉、樹枝、嫩芽含揮發性「樟樹油」，用蒸餾的方法，可製成樟腦。樟樹可活兩百五十年以上，生長初期的油含量不多，二十年後才有大量油精；油精全盛時期約為十年，之後油精量漸減。生產樟腦大都在三月樟樹發芽與四月落葉期間，僅取樹上三分之一的葉子與枝幹來煉油，既可生產油，又可永保樟樹生機。

台灣樟樹的生態浩劫

一八九七年，美國森林工業學家杜威（Lyster Hoxie Dewey, 1865–1944），認為太平洋沿海地區，以台灣樟樹的含油量最高，可能是生產最佳品質樟腦油之處。他也發現樟樹油含量最多在老樹根，其次才是較新的樹根，而後依序是樹幹、樹葉與嫩芽。這導致後來的砍伐者不只砍伐樹幹，還挖出樹根做為大量提煉樟樹油的方法，造成台灣樟樹的浩劫。

杜威的本意是良善的，他曾提出：「假使人類妥善保護森林土壤，就能生長更多的植物。妥善使用植物，將帶來莫大福利，這是森林管理的原則。」一九四〇年，他建議用生長快速的含油植物，以其種子的油脂做油品提煉，以免人類開採過量的石油。他是最早提出「以植物油做生質能源」的科學家。然而，杜威對台灣樟樹的禮讚，竟被後人扭曲，因而對樟樹造成傷害。

樟樹油的效用

樟樹油是由二十種以上的烯類、苯類混合組成。有些對人體有益，如苯烯（pinene）可以舒暢肺部；有些對人體有害，如黃樟素（safrole），吸入過多會使人嘔吐與致癌。樟樹能提煉出透明、白色、黃色與黑色等結晶體。很久以前，中國人就知道透明與白色結晶體對人沒有毒害，其他顏色則有毒性。

樟樹油能抑制八百種以上的黴菌生長。黴菌能分解紙張，因此，古代中國製紙時會將紙張浸泡於樟腦油，可保千年不朽爛。將書本放在樟樹木櫃中，可免去黴菌、白蟻等危害。將食品放在樟樹櫃中，也能夠減少黴菌寄生，減少感染「黃麴毒素」（aflatoxin）的風險。在都市、公園或校園種植樟樹，可藉由樟樹烯類氣體的揮發，減少空中的黴菌，使空氣更清新。我們若收集樟樹枯乾落葉，夾在書頁中可防蟲害，又可以抑制書堆黴菌滋生，減少黴味，防止過敏性的氣喘或咳嗽。曾有學生向我訴苦：「學校宿舍的蚊子很多。」我總建議學生撿拾樟樹的葉子，將其放在紙盒子裡，置於床下。學生後來告訴我，防蚊的效果不錯。

樟樹的復育

樟樹效用雖然多，仍然不宜隨便栽種。我們若仔細觀察樟樹的根系，就知道其根系淺，散布的空間很廣，日後長大將擠壓汙水

管，或根毛阻塞排水管，因此並不適合用做行道樹。樟樹的葉子很多，每年落葉量大，落在水中將劣化水質，因此不適合種在河濱、水庫與池塘邊。樟樹葉子有抑制其他植物種子發芽的能力，使周邊難以生長其他植物，不適合大量種植在花園。

現在市面上的「樟腦丸」，是由石油中提製成的「二氯苯」（又稱為萘丸），屬於農藥的一種。而樟樹提煉的樟腦是透明或白色的晶體，含多種有機精油結晶而成，與前者完全不同。

至今最需要種植樟樹的地方，是新竹與苗栗的丘陵地，那是早期生長最多樟樹的地方。十九世紀之後，經清廷與日人據台後大量砍伐樟樹，使得台灣原生樟樹林幾乎消失。

就讓這些歷史錯誤過去吧！「人有見識，就不輕易發怒，寬恕人的過失，便是自己的榮耀。」只要今日復種，二、三十年後，樟樹又可在台灣恢復生機，大片生長。

一八三公分的大柱子

那是開學時的第一堂課。我剛介紹完課程內容，就有一個學生舉手發問：「老師，你認為台灣有沒有前途？」我沒有想到學生會這樣問，便回答：「這門課不談政治，只教環境保護的科學。」

那名學生冷冷的回說：「如果台灣沒有前途，保護台灣的環境有什麼用？」

我在講台上走了幾步，想了一想，覺得這問題真有意思，便說：「好吧！各位同學，現在我來告訴你們，台灣有沒有前途。」忽然間，所有同學都挺直腰桿，全看著我，連坐在邊排，那位老在打瞌睡的，都亮著眼睛。

我放大聲量的說：「台灣的未來是大有前途、大有希望，而且前面是一片明亮。」頓時全班一片譁然，紛紛問道：「為什麼？……」我揮手叫他們靜下來，環視著全班的每一位後，說：「因為有我在！」

只見全班同學紛紛拍手、頓足、鼓掌、大笑……聲音大到彷彿將教室的屋頂給翻了。

這時有人舉手說：「老師，為什麼有你在，台灣的未來就是一片明亮？」

我說：「我現在講的，是你們在報章雜誌沒有看過、電視 call in 也沒聽過的。台灣像是一幢房子，你們看到外面的大門斜了、窗戶破了、屋簷碎了，上面的瓦片也都破爛。但不要慌張，這房子裡面還有幾根柱子是站得很穩的，只要這些柱子不塌，房子就不會倒。而我，就是裡面的一根柱子。」

全班安靜無聲。所有的同學都看著我，他們大概在想：「老師一八三公分，還真像根大柱子。」

這時，有個同學用微微顫抖的聲音問道：「老師，你怎麼知道你是一根柱子？」

我回答：「因為，我在我的專業與在愛你們的這一件事上，深深的委身。就像一根穩穩的柱子，當你們偶然經過我身邊，得以靠著休息，然後繼續出發前行。有一天，這根柱子也會老舊、會垮掉，但是不用擔心，我倒下後，你們還會站著，成為新的柱子，幫助更多的人，因此，台灣的未來一定會更加明亮。」

「謝謝你，老師。」第一個舉手發問的同學說。

下課後，我走出教室，像個歷經戰鬥的劍客，有點疲憊，臉上卻帶著榮光。

（整理自：張文亮於第一屆台灣大學優良導師獎致詞全文）

篇章十

用木麻黃保衛台灣的海岸線

木麻黃

學名：*Casuarina sp.*

科別：木麻黃科

特徵：屬常綠喬木，高可達二十公尺。樹冠為長圓錐形，性喜日光、沙地或沙質壤土，抗風、耐鹹又耐旱。春秋兩季開花，果實狀似木質化的小毬果，非常堅硬。

在大地上，每天都有奇妙的事情在發生：
花的綻放、枝頭長出的新芽、
樹葉擺放的位置、草莖的方位……
都值得細細的欣賞。
如果生命，不願在匆忙中度過，
請到野地，
那裡有一千個、一萬個有趣的把戲，
在等著你。

熊本位於日本九州的中央，十六世紀時稱為「肥後藩」。該地土壤肥沃，物產豐富。一五九九年，在「關原之戰」的戰火肆虐下，遭受極大的破壞，城牆盡毀，人口銳減。不過戰後，肥沃的土壤又吸引許多百姓前來開墾、定居。江戶時期，這裡成為日本蔬菜與果樹重要的生產地。明治維新時期，廢藩改縣，「肥後藩」改稱為「熊本縣」，並成立「熊本農業學校」。學校設有「園藝科」，專門培養有志學習農藝、栽培蔬菜的青少年。

少年植物學家

一九〇〇年，該校有一位學生名叫島田彌市（Yaichi Shimada, 1884–1971），他是熊本縣東陽村的子弟。念小學時，他的老師教導他：「經常注意所學，學習永不懈怠。」老師的一席話，在他心中留下深刻的影響。島田彌市進入熊本農校後，校長告訴他：「農業規劃之前，要有充足的調查研究。調查進行時，要全力以赴。」此言成為他一生的座右銘。一九〇三年，島田彌市畢業，留校擔任植物病理學教授川上瀧彌（Takiya Kawakami, 1871–1915）的助理。工作之餘，他自覺外國語文裝備不足，夜間又去英文補校上課。

一八九四年，日本在甲午戰爭獲勝，一八九五年清朝簽下《馬關新約》割讓台灣給日本。日本起初看上台灣的地理位置極佳，又能生產大量的稻米與甘蔗。但是，素有「日本植物學之父」美稱的牧野富太郎（Tomitaro Makino, 1862–1957）則獨具慧眼，他認為台灣擁有多元的氣候與土壤，能孕育多樣的原生植物，這才是台灣的寶貴之處。

他在一八九六年十月前來台灣，由基隆到鳳山步行了二個月，沿途他至少看到一千多種植物，並採集了四千多種的植物標本。回到日本後，牧野富太郎向日本政府建議，應該普查台灣的植物，並為居民栽種合適的物種。

為台灣百姓服務

一九〇三年，日本政府派川上瀧彌前來台灣，負責植物普查。他後來在「台灣總督府博物館」（今「國立台灣博物館」）擔任首任館長，並組織成立「台灣植物學會」，對台灣植物研究的貢獻很大。川上瀧彌前來時，島田彌市擔任他的助手，起初島田彌市在台灣總督府擔任農業雇員，調查台灣水稻與甘藷的品種，並於台北富田町的農事試驗場試種作物。

一九〇四年二月，日俄戰爭爆發。島田彌市被召回國，入伍加入「熊本步兵第二十三聯隊」。二年後，他升任步兵少尉。一九〇七年三月，戰爭接近尾聲，他等不及退伍令便趕回台灣，繼續擔任老師的助手。他在晚年的回憶錄中寫道：「我相信調查的結果與應用，將為台灣島上的百姓帶來最大的幸福。」

一九〇八年，他在台中大甲溪的河口濕地發現「大甲藺」（*Scirpus triqueter L.*）品種，並提出早期平埔族的大甲藺加工的製作法。一九〇九年，他提出新竹地區柑橘種植的改良技術。一九一〇年，他在大屯山海邊發現「紫堇」（*Corydalis kelungensis*）。

發現之旅

一九一一年，島田彌市在台北與一名日本籍女子結婚。婚後生下二個兒子、五個女兒。當時，在野外調查植物是非常辛苦的事，台灣的蛇多、蚊蟲多、傳染病也多，而且交通非常不便。調查植物需要長途跋涉，加上台灣的氣候潮濕，採集植物後，要立刻趕回實驗室乾燥標本，製作標本相當不易。

一九一一年十一月，島田彌市在桃園與新竹邊界的山谷，發現了食蟲植物——「寬葉毛氈苔」（*Drosera burmannii*）與「長葉茅膏菜」（*Drosera indica linn*）。隔年，川上瀧彌病逝，對島田彌市是個不小的打擊，卻也促使他更加堅決的留在台灣。一九一五年，他在新竹新埔發現「台灣萍蓬草」（*Nuphar shimadai*）。一九一七年，他在雲林斗六發現「大安水簑衣」（*Hygrophila pogonocalyx*）。同年，在台北士林的芝山岩發現「紫蘇」（*Perilla Shimadai*）。他不斷的研究並分享發現，讓人們驚嘆台灣植物的多樣面貌。

送給居民的禮物

一九二一年，島田彌市升任新竹農業課股長，主要任務在改善新竹地區的農耕環境。長期以來，新竹風大、土壤貧瘠，農民種植的產量很低，生活大都貧困。島田彌市認為改善新竹農民的生活，首先要減低風害。他引進「木麻黃」（*Casuarina sp.*）做為防風林，用來減緩海風的強度。

木麻黃原產於澳洲，一九〇九年移植日本成功，並發現的確具抗風防沙的功效。島田彌市自日本引入台灣種苗栽種，不久就有成效。過去新竹因海風太大，居民經常遷離。木麻黃成林後，廢村的居民紛紛搬回，重新耕種。後來，當島田彌市視察農村，看到木麻黃長

得愈高，附近農家的住屋就蓋得愈高，他寫道：「大得欣慰。」

然而，他認為任務尚未完成，真正必須送給台灣沿海居民的禮物，是讓他們能視海濱為「平和的生活區」，而非一時的暫留地。因此，他向總督府建議，立法處罰在濱海地區砍伐原生樹木者，因為這些原生樹木生長得雖沒有木麻黃快速，仍是防風、定沙、防潮浪侵蝕的好樹種。

為了改善當地土壤貧瘠，他也鼓勵農民種植具有固氮能力的花生。待花生收成後，壓取花生油更可增加收入。他也發現，新竹地區的原生種植物「蓪草」（*Tetrapanax papyrifera*），能生產高品質的蓪草紙。他研究蓪草的栽培與加工，大力鼓勵農民栽種。後來新竹在台灣總督府積極輔導、計畫行銷下，成為台灣蓪草紙的中心，外銷的空前盛況，也大大改善了新竹百姓的生活。

將精華的歲月留給台灣

為提升農民的種植技術，島田彌市培育鄉村青年設立「自營農場」。他先挑選二十歲的年輕人，給予栽種水稻、蔬菜、果樹、畜牧技術的教育。學生受訓期間，接受嚴格的技術要求，但是食宿費全免。結訓後給予土地，為他們建築農舍，讓他們成為自耕農。此外，還持續輔助與不定期研訓，直到他們能自營自給。農民接受訓練直到四十歲，便能成為鄉村的領袖，並有機會擔任「保正」（相當於里長），以帶動鄉村的發展。他寫道：「農民的培育，在實際經驗的訓練，勤勞個性的培育，與奮發精神的啟發……這些年輕人受訓後，經常成為許多女孩子優先考慮的婚嫁對象。甚至都市的女孩子，也樂意嫁給他們。」

工作之餘，他仍在新竹四處採集台灣的野生植物。一九二四年，他在新竹發現「槲櫟」（*Quercus aliena Blume*），一九二六年，在大埔發現台灣古老的「野生稻」（*Oryza Meyeriana*）。在南庄發現台灣原生柑橘「南庄橙」（*Citrus Taiwanica*）。一九二八年，他升任新竹農業試驗場場長。一九三二年，他在新竹十八尖山發現「澤蘭」（*Eupatorium Shimadai*）。

一九三三年，他才回到台北，擔任台北帝國大學熱帶植物藥效的調查員。工作之餘，他仍持續推動濱海原生林的保育，研究台灣的救荒植物、防蚊的原生樹種，與穩固沙丘的植物。他以高度的熱忱，對台灣植物進行深入探勘，為台灣植物的發現帶來長遠的貢獻。

一九四五年，日本戰敗。隔年四月，島田彌市被遣送回日本，他將所有的植物標本都留在台灣。他回到熊本，辭去政府職位，回到家裡做個農夫，直到病逝。

我們常聽人說：「要愛台灣」，也許我們得先學習謙卑，因為從謙遜低調的島田彌市身上，我們看到一位從日本農業職校畢業，卻將其一生貢獻在台灣原生植物的發現上，他的熱情帶領著我們認識台灣這塊土地的寶貴。

我後來走過島田彌市著作中所提的濱海植物林，發現約有百分之九十以上的地貌皆已改變。他所發現的物種，有些淪為瀕危物種，有些已經消失。我失望嗎？不！台灣還是有許多充滿理想、懷抱夢想的人，會接下他的棒子，持續且努力的保護我們的家園。

篇章十一

優質的生活是觀察九芎

九芎

學名：*Lagerstroemia subcostata*
科別：千屈菜科
特徵：屬落葉喬木，株高約三至六公尺。樹皮薄且光滑，樹幹質材堅韌，能做極佳的柴火、房柱與器具。生命力強盛，耐乾旱與貧瘠之地，是良好的水土保持植物。

如果，你喜歡觀賞植物，
大自然將如一本豐富、有趣的大書，
讓你一頁一頁的讀下去。
更有意思的是，
也許有一天，你會發現，
這本書背後，還有許多迷人的故事。

「九芎」（*Lagerstroemia subcostata*）在台灣是很常見的植物，舉凡校園、公園、野外平地、山坡地、河流邊等地方，經常可見其身影。每當我經過他們身邊，似乎總會聽到他們默默的呼喚著：「看著我、看著我……」。

停下腳步看植物

我們豈能對習以為常的植物全然無知呢？但是，對一個植物門外漢而言，想要了解植物，應該從哪裡開始入門？就我而言，我通常會先查植物圖鑑，初步知道植物的名字，那是開啟植物之門的認識之鑰。

植物圖鑑常是厚厚的一大本，專業的植物圖鑑更是幾本成集，看來有點可怕。初學者要有耐心，找一本適合入門的植物圖鑑，經常去查閱，愈查就會愈順手。我習慣在圖鑑書頁的空白處，寫下看到這種植物的時間與地點。積年累月的持之以恆，植物圖鑑會逐漸成為一本具有歸屬感與歷史感的自然觀察紀錄簿。日後翻閱，第一次認識某植物的喜悅，依舊油然而生。

如果一時查不到植物的名字，也不要放棄，有機會遇到較懂植物的專家或老師，再向他們請教。喜愛大自然的人，大都心胸開闊，不吝於與人分享。

如果一時沒遇到懂得植物的人，也無所謂。停下來，多看植物幾眼。觀察植物不怕不知其名，只怕觀察者沒有空閒。長期沒空閒，是病態性的繁忙。觀察植物的空閒，可以成為個人檢查生活病態與否的溫度計。

經常在野外看花、看草、攝影或寫生的人，生活方式不病態，這種人不易得到憂鬱症。喜愛植物的人，也較不會有一張難看的臉。經常觀看植物，內心會生出許多喜悅，因而擁有一張喜樂的臉，親近大自然就是最佳的美容術。

可愛的植物老師

我認識一位植物學教授，他退休後常來校園散步，有時見他坐在路邊，一邊曬太陽，一邊吃便當。有一天，我坐在他身邊，不經意看到前方的「水柳」

（*Salix warburgii*）正在開花，於是隨口問他關於柳絮的問題。沒想到他大笑著說：「從學生時代，我就無法辨認植物。從書本上、標本與現場所看到的植物，雖是同一學名，我也無法將兩者相連，總覺得即使是同名的植物，長相都不盡相同。甚至連家前的植物，也叫不出名字。後來我選擇以植物與土壤關係學為專長，是因為比較不用記植物名字。」

我真沒想到這位教授如此坦白，對於自己的弱點侃侃而談。我好奇問道：「那學生問你植物的名字時，怎麼辦？」

「學生在一樓問，我就疾奔到二樓喝咖啡；學生追到二樓，我就一個人開車到野外。」他說完，我們都哈哈大笑。難怪，我以前常看到他開車出校門。

與九芎的相遇

我自己則是受不了工作的催逼，總會想要逃回到野外。沒想到在野外，剛好有機會仔細認識九芎。我曾在花蓮的壽豐溪畔，看到一個阿美族的老婦人，將九芎的老樹皮擺放在水裡。
「這樣有什麼用呢？」我好奇的問道。
「魚會來吃。」老婦人回答。
原來，九芎樹皮含有許多木質素、單寧酸，可能還有少量的香料。我又問：「魚是喜歡吃樹皮泡水後，依附在表皮上的藻類？還是樹皮本身？」但老婦人卻搖搖頭說不知道。我將問題存在心中，以後有機會再觀察，尋求答案。
著名的詩人與教育家華滋（Isaac Watts，1674–1748）在《悟性的提升》（*The Improvement of the Mind*）一書中寫道：「假如你有機

會與機械師傅、船員、農夫、擠牛奶的人、或是紡織工人相遇，可向他們請教所從事的工作內容。任何看似簡單的操作，背後都有大智慧。他們所說的內容，將比自認聰明的哲學家，講論得更有道理。因此，向你遇到的每個人請教，有助提升你的知識。」

我對九芎的疑問雖未能得到解答，但是經由觀察，我知道九芎的樹層之外有蠟質，能使樹木光滑，保護樹幹內水分不致散失。春天時，乳白色的內樹層（inner bark）長出，棕紅色的外樹皮（outer bark）漸漸褪去，當新、舊樹皮斑雜交錯時，那不是用一般的語言或文字可比擬的美。

脫落外樹皮，可以避免受到黴菌的感染。新芽長在內樹皮，外樹皮若不脫落，芽就長不出來。當外樹皮逐漸起皺、產生剝紋，而後剝落、長出新芽。這樹皮更新的過程對我是個很好的提醒：學生的成長，自己總要有放手的時候。無論自己擁有多少的知識與經驗，不可能對學生永久保護，過度的保護，將抑制他們未來的發展。

柔性的自然工法

觀察植物，是無止境的學習。我曾經在新北市翡翠水庫的集水區，調查上游茶園的排水對水庫水質的影響。後來我在北勢溪與金瓜寮溪交匯處，做了一個人工濕地，將茶園周遭的排水匯集到濕地，濕地淨化排去水中過多的氮、磷，再將水導入水庫，來減少水庫水質優養化的風險。

當我在勘察濕地的施工位置時，在溪邊遇到成排生長的九芎。我走近前去，仔細觀看九芎的根，非常訝異這些纖細的根，竟能攔住千百倍重的石頭，使之不下滑。原來九芎的深根具彈性，又以網狀交織包裹石頭，部分根毛還能伸展到石塊後方，反向纏繞後方的石頭。因此，當前排石頭要向前滾動時，後方的石頭將成為攔阻的力量。

九芎這種「借力使力」的方式，實在很有智慧。擋土牆的建造原理，是以鋼筋水泥的強度，去對抗山坡的落石、地滑與土石流。九芎給我另一種角度去思考這個問題：用最輕省的材料，去減少土石滑動的危機。後來建造濕地時，我保留了溪邊所有的九芎，使所做的濕地與周遭的九芎相得益彰，發揮更大的效益。

透過認識植物，即使是平凡的九芎，將使我們的一生，增添趣味與智慧。即使沒有人追著問問題，也應該到野外走一走。讓我們透過認識大自然，告別一成不變的病態生活吧！

認識大自然的方式

本章開頭我曾提過，想要認識植物，可以先找一本適合入門的植物圖鑑，經常去翻去查。不過，我認為認識植物，並非只能透過分類學的方式。大自然不應該一開始就是被分類的。我寧願自己去看、去問、去閱讀，而不願意受到現有的植物分類學，而局限了自己的觀察視野。

過去的人受到廣泛使用的媒體影響，往往對文字的資訊、音樂的資訊、圖畫的資訊較為留意，現代人受到數位時代的影響，對快速變動的電子資訊亦習以為常。但是，很少人會留意大自然的資訊，即使他們就在你我身邊。

留意大自然的資訊，不僅僅在於知道這個植物叫什麼名字、開的花是什麼顏色、花瓣有幾片……或確認都看到了植物的特徵後，就急著觀察下一種植物。真正關心大自然的人，是將大自然視為一本可閱讀的大書，與君長伴，不忘學習；真正欣賞大自然的人，能將大自然的變化、規律與智慧，轉化為個人在身、心、靈上的幫助。

篇章十二

空氣清新的白千層

白千層

學名：*Melaleuca leucadendra*
科別：桃金孃科
特徵：屬常綠喬木。樹幹呈褐白色，因木栓形成層每年向外長出新皮，故有多層疏鬆樹皮。樹皮可蓋房子、做墊子，從前亦取其當做橡皮擦。夏末秋初開花時，花序宛如瓶刷，模樣可愛。

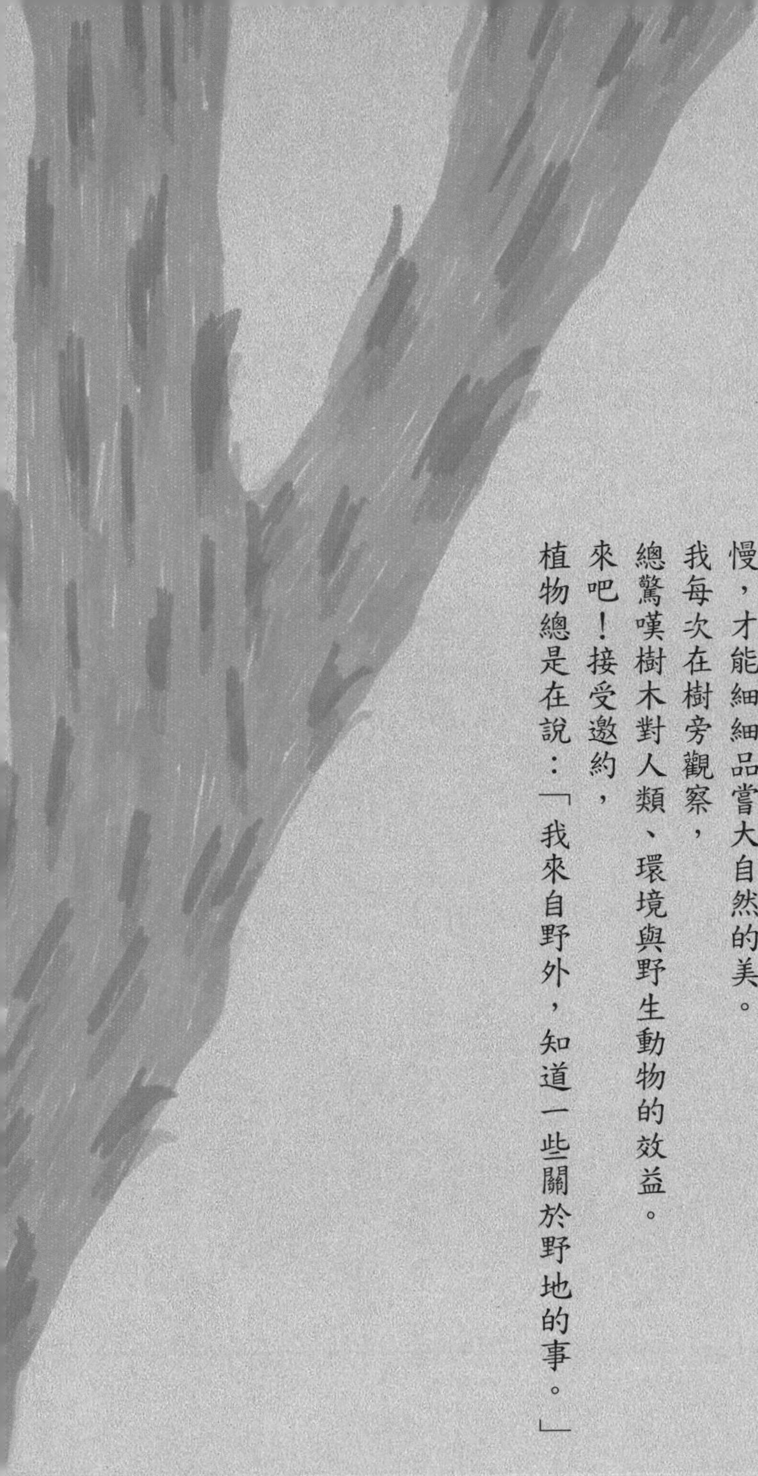

這是一個匆忙的時代，
一切都在追求快速，
如果沒有比別人更快，彷彿就會進度落後。
植物，提醒我們要慢，
慢，才能細細品嘗大自然的美。
我每次在樹旁觀察，
總驚嘆樹木對人類、環境與野生動物的效益。
來吧！接受邀約，
植物總是在說：「我來自野外，知道一些關於野地的事。」

「白千層」（*Melaleuca leucadendra*）是南太平洋非常有趣的一種植物，能耐強風、淹水、鹽分地、貧瘠土、火燒，並少有病蟲害，生命力非常堅強。其分布的範圍由澳洲東北部、印尼、馬來西亞、菲律賓、一直到緬甸。不過白千層不耐寒，降霜的地方不易生長，因此緬甸以北的地區，少有白千層出現。

苦難打不倒的年輕人

很早以前，澳洲的原住民已發現白千層具有驅蚊的功能，根據研究顯示，白千層生長的地方，的確較少發生瘧疾。然而，真正將白千層推廣到世界各地的關鍵者，是植物學家穆勒（Ferdinand von Mueller, 1825–1896）。因為致力於推廣白千層，他成為十九世紀最具貢獻的植物學家之一。

穆勒生於德國的羅斯特克（Rostock），當時肺結核大肆流行，被人稱為無藥可治的「白色瘟疫」。一八三五年，穆勒的父親染上肺結核，吃了許多偏方後，仍不治病逝。後來，他的母親、姊妹，也都相繼染上肺結核。因此，他很早就下定決心要成為一個藥劑學家，解決這個可怕的傳染病。

穆勒將求學當成與流行傳染病的競賽，他以優異的成績自小學畢業，中學也連連跳級。後來，他進入基爾大學（University of Kiel）的藥劑學系就讀，他寫道：「我將一天當做三十六小時，比別人花更多時間研讀。」他在二十二歲時，取得藥劑學博士的學位。在這期間，他也染上肺結核。

穆勒知道，寶貴的生命等不及肺結核新藥的合成，患者必須趕快離開疫區，到「溫暖、乾燥、空氣新鮮」的地方居住，才可能獲得生存的機會。世界上最符合這三個條件的地方，就是澳洲。一八四七年，他帶著妹妹搭船到澳洲的南部居住。抵達澳洲後，穆勒開了一間藥店，以藥劑師執業。

探險隊失蹤案

不久，他認識有「探險王子」之稱的萊卡特（Ludwig Leichhardt, 1813–

1848）。當時，萊卡特正組織一支七人探險隊，要由南澳洲出發，找到前往北澳洲的路，同時探索沿途的植物與礦物。那是一條沒有人走過的路，規劃的路程約有四千五百公里之遠，途中可能遭遇沙漠和暴雨、可怕的傳染病、未知的原始林，以及從未與外人接觸的原住民。

那時，穆勒已聽聞澳洲原住民種植白千層的傳說，因此積極爭取參加探險隊。但萊卡特認為，隊伍中不適合讓罹患肺結核的成員加入，再加上原住民的傳說缺乏考證，因而拒絕了穆勒。後來，這支探險隊出發後，過了「天鵝河」（Swan River）就音訊全無，探險隊員全部罹難，原因不明。這就是探險史上非常著名的「萊卡特探險隊失蹤案」。

穆勒始終難以忘懷原住民與白千層的傳說，他認為白千層具有外人尚未知悉的價值。因此，他決心由藥劑學轉到植物學領域，致力於白千層的研究，尋找改善公共衛生與減少傳染病的良方。一八五一年，澳洲發現黃金，發現之處墨爾本（Melbourne）人口迅速大增，財富也大量累積。澳洲政府藉此機會，將墨爾本發展成文化與商業的重心。二年後，政府成立墨爾本大學（University of

Melbourne），並設立「維多利亞植物學人」(Botanist of Victoria) 講座，由穆勒負責講評澳洲的植物，同時擔任墨爾本植物園的館長。

發現白千層

穆勒雖非植物學背景出身，但他一生之中，為澳洲留下四十萬個植物標本，記錄將近一萬種澳洲植物的名錄，他也發現了九十八個未為人知的新種。他寫道：「認識植物的價值，如同教堂遠處的鐘聲，可以喚醒周遭的人心。植物的價值，不是任何物質所能替代。」

為了到澳洲原住民的部落採

集白千層，他自行組織探險隊前往。歷經四次探險，至少走了兩千四百公里，終於發現白千層。

一八六一年，穆勒經研究發現白千層含有機性的揮發性氣體，具有驅蚊的效果。當時太平洋島嶼瘧疾盛行，他提出若在瘧疾的區域燃燒白千層的枯葉，或在屋頂上鋪放白千層樹皮、在門口種植白千層，都能夠保護居民的健康。他也發現白千層根系深，植株枝葉茂盛，可以蒸散大量水分，使沼澤淺層地下水位下降，間接促進空氣進入土裡，減少臭味。

透過科學家天生所具備的細心觀察，穆勒更發現白千層長到三至五公尺高時，頂部會分出許多枝幹。若砍去一些分枝，留下主幹，主幹就會愈長愈粗。因為樹枝多集中在主幹附近，起大風時較不易斷枝，透過修剪枝幹，白千層能成為很好的防風牆。他也提出，白千層不能太接近居住環境五公尺之內，否則開花時過多的花粉，會導致人體過敏、氣喘。

穆勒認為白千層的潛在價值很大，端看人如何栽種與管理。他寫道：「我們一生最大的資金，要存放在頭腦，而非銀行裡。我的資金就是『綠金』（green gold）植物。植物能夠更新大地，具有景觀之美，植物的生命可貴，讓我認識拯救恩典的存在。」

穆勒成為白千層的推廣種植者，並開啟以植物改善公共衛生，減少傳染病的先鋒。後來他也發現「尤加利樹」（*Eucalyptus globulus*）具有與白千層類似的功效，且比白千層耐低溫，適合種在高緯度的地方。

終生不懈的研究者

晚年，穆勒成為圖書館館員。他寫道：「我最期待的人生，是為植物與圖書館工作，願我一生的研究與知識，是放在聖潔祭壇上所發出的讚美（Research shall be the place, the offering of one knowledge on the altar of divine praise.）。」

穆勒的努力與發現，使得大英國協封他為爵士。他最大的貢獻，在改變世人對於植物的價值觀。他後來雖然仍病逝於肺結核，但距離醫生宣布他罹患肺結核的時間，相差有五十年之久。

日本時代，澳洲的白千層移植到台灣，大多種植在校園與學校周邊的道路旁，用來改善校園衛生環境。當你經過白千層，請放慢腳步，取一片樹葉，放在手中揉一揉，聞一聞那獨特的味道。地上的枯葉，也可以取來聞一聞，你會訝異，味道仍存。或閉著眼睛，用手摸摸白千層的樹幹，年年增生的樹幹，使樹皮向外層堆積，卻不忍脫離樹幹，賦予樹幹一種獨特的柔軟。

每棵白千層舊樹皮剝落的部位，也不盡相同，使得成排生長的白千層，有其獨特的美感。親愛的讀者，願你常在白千層樹下觀察與默想。或許有一天，你也成為周遭社會與人群問題的默默醫治者。

篇章十三

來自摩頓海灘的肯氏南洋杉

肯氏南洋杉

學名：*Araucaria cunninghamii*

科別：南洋杉科

特徵：屬常綠大喬木，高約二十至六十公尺。樹幹通直，枝條輪生，樹型優美，呈塔形樹姿。葉子為短錐形葉，花為雌雄異株，果實為黃綠色球形毬果。能耐風、耐貧瘠土地，能適應台灣颱風季節。

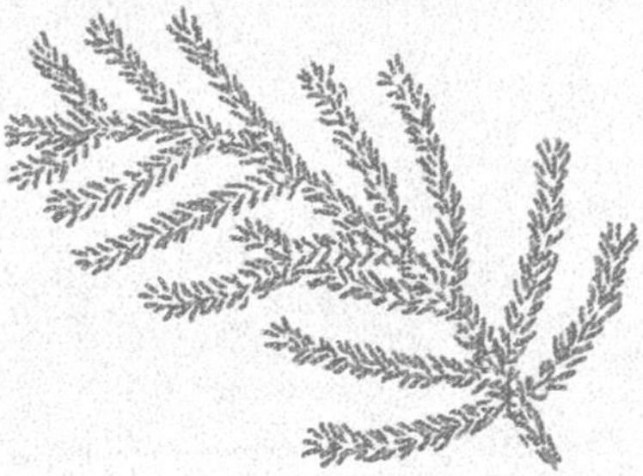

你知道嗎？
原住民的傳統裡，
有許多古老的智慧，
即使他們伐木，
也有伐木的法則，
使伐木與水土保持，
可以相容。

在澳洲南部接近南太平洋的土地上，有一個美麗的他方，稱為「摩頓海灣」（Moreton Bay）。一七九九年，第一支歐洲探險隊到達此地，發現當地的原住民稱為「開達穆卡族」（Quandamooka），他們喜歡唱歌、跳舞，非常好客，還送給探險隊員許多魚肉、海龜肉，與一種名叫狐蝠（Pteropus poliocephalus）的肉。這種狐蝠經常展翅在樹冠間滑翔，吃樹上的花朵與果實。原住民為了方便捕捉飛狐，經常疏木，將樹林的茂密處砍伐疏鬆，讓陽光透入以便容易發現狐蝠。

謎樣的植物

伐樹將造成土壤的流失，但是開達穆卡族相信，只要森林中有一種樹木存在，儘量保護不去砍伐，土壤就不會流失。更有意思的是，他們認為這種樹生長愈多的地方，土壤會愈肥沃，連他們在林區邊緣種植的蔬菜，也能獲得豐收。

真有這種功能的樹木？探險隊對此說法有些存疑，但仍將這事記下。

一八一七年，英國裘園（皇家植物園）（Royal Botanic Garden, Kew）委派植物探險家肯寧漢（Allan Cunningham, 1791–1839）前往摩頓海灣，探勘此種植物與原住民傳說的真偽。

肯寧漢是英國人，生於倫敦近郊的溫布頓（Wimbledon）。他的父親是「溫布頓植物園」（Wimbledon Garden）的首席園丁。肯寧漢從小就會辨識許多植物，但是對植物興趣不大，他認為「園丁只是耗盡體力的工作。許多人欣賞花，但是忽視園丁的辛苦。」

肯寧漢中學時，學校的校長是植物兒童文學家亞當斯牧師（Rev. John Adams, 1750–1814）。亞當斯曾著有《花的近代史》（*The Flowers of Modern History*）與《近代為花旅行》（*The Flowers of Modern Travels*）二書而聞名。他認為：「探索園藝植物，是引導孩子探知大自然最好的途徑。」他將自己探勘植物的過程寫成探險小說，與學生分享。他寫道：「可以藉由植物探險者不辭辛勞到遠地探勘，以行動背後的愛去啟發孩子，讓孩子的愛心增長。」受到校長的教導與啟發，使肯寧漢決定成為一位植物探險家。於是畢業後，他先在皇家植物園工作，而後申請成為海外植物採集員。

前往熱帶雨林探險

一八一四年，肯寧漢前往巴西，在熱帶雨林中生活了三年，走了將近兩千公里的路，沿途並將未知的植物製成標本送回皇家植物園。他寫道：「我在熱帶雨林中，學會自立。即使一時沒有補給供應，我仍能持續向前。我似乎遠離文明，卻是重新得力。」

一八一七年，他又被差派前往澳洲，尋找開達穆卡原住民口中的神奇植物。那是一種未為外人所知的植物，但終於被肯寧漢找到了。他發現這種植物在缺水的土壤生長緩慢，一遇潮濕就能快速生長，他稱此植物為「熱帶雨林生長最快的耐旱植物」。後來的人為了紀念他，稱此植物為「肯氏南洋杉」（*Araucaria cunninghamii*）。

肯氏南洋杉喜好充分日照，春夏生長較快，樹木可高達六十公尺。秋冬之時落葉很多，落葉能迅速分解，增加表土有機質。部分有機質容易溶解成有機酸，下雨時隨水移動到其他地方，使樹木附近土質更肥沃，由此可印證原住民的講法十分正確。肯寧漢也發現原住民用其木材製成船槳，這些船槳長期泡水也不腐爛，是上等的建材。

野地的探險文學

一八二四年，他又前往紐西蘭探險，尋訪未知植物。此時，他開始將探險的發現，寫成文學介紹。例如他寫道：「我曾經赤腳爬過一座山，路上堆滿了泥巴，我想這是最軟的山。」「鑑定物種需要耐心，有時找到一堆類似的葉子，卻找不到一粒易區分的果子。有時在原住民的部落，我遇到一根從未見過的木頭，但是我到附近找，就是找不到相似的樹。」「我無法忍受渾渾沌沌的在路上行走，卻不知道路邊的植物。」「我經常騎馬，騎到無路之處，才下馬行走，尋找新的樹種。」他一生至少發現九十六種新植物。如「肯氏木麻黃」（*Casuarina cunninghamiana*）、「肯氏石胡荽」（*Centipeda cunninghamiana*）等。

肯氏南洋杉的功能直到十九世紀才受到各界關注，並逐漸移種到其他的國家。台灣於一九二〇年代初期，已有肯氏南洋杉移入，其生長耐酸性、貧瘠土壤與高黏質的土地，非常適合種在台灣的紅土台地。肯氏南洋杉的枝葉對稱，外型美麗，也漸被視為美觀的造園植物。

能隔音的樹

我最喜愛觀察肯氏南洋杉的葉子，那是非常獨特的構造。二至三公分長的錐形葉，整齊排列在樹枝上，且向內彎曲。這麼密集的生長與排列，對陽光有高度的吸收性；葉片之間的空氣亦保持穩定，能隔絕樹木外的汙染空氣與灰塵。

植物對人有益，並值得讓不同國家的人們相互分享。人類能否從肯氏南洋杉學到一些平靜與堅強呢？

篇章十四

與學生，相約在鳳凰木下

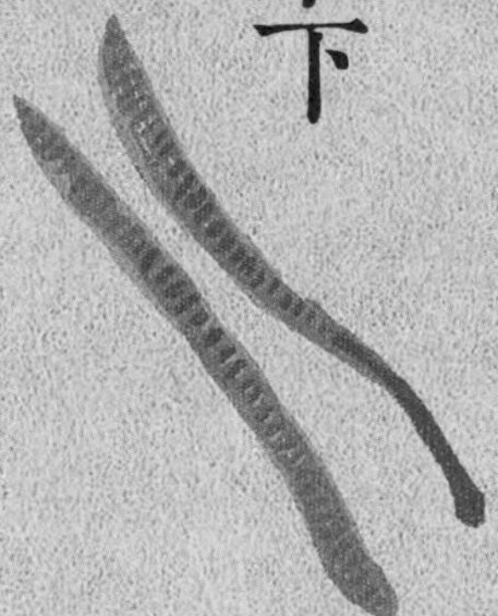

鳳凰木

學名：*Delonix regia*
科別：蘇木科
特徵：屬落葉大喬木。樹冠傘狀，二回羽狀複葉對生。莖幹直立，多分枝。五至九月開花，花為紅色，花萼和花瓣皆五片。莢果木質化，扁平而其厚邊緣，略彎有如彎刀。由於開花時適逢學校畢業季，因此又有「畢業樹」之稱。

如果校園是一個島嶼，
島嶼上的寶藏，經常埋在植物生長處。
如果校園是一座探險的園地，
探險的小徑，經常是穿梭在植物間。
如果校園要美得像一幅畫，
最佳的調色料，大都來自植物。
如果校園是知識耕耘者的搖籃，
耕耘自然的農夫，經常愛好植物。
如果校園是一台計時器，
過往時間的刻度，常留在植物的樹幹上。
如果用校園，來教導學生美麗實涵的真義，
植物的美麗，總要承受不少的變動。
校園裡為什麼要栽種許多的植物？
因為，植物是教育無聲的教具。

馬達加斯加（Madagascar）位於非洲的東岸，是世界上第四大島嶼。長期以來，因著地理環境的隔離，島嶼上保存有許多獨特、豐富的動植物。由於臨近亞熱帶，當地年平均溫度約二十至二十二度，年平均降雨量約一千至一千兩百釐米，其間有長達七個月（四月至十月）的乾旱期。此外，島上天然的屏障很少，強勁的海風能夠直接吹入內陸，以致島上的生物大都耐熱、耐旱與耐鹽。

美麗的紅花樹

十八世紀後期，法國的探險隊首先抵達馬達加斯加，他們在此發現許多珍奇植物。返程後，探險家移植一些乏為人知的植物到「巴黎皇家植物園」（Le Jardin du Roi）栽種。當時的法國國王路易十五（Louis XV, 1710–1774）認為，一流的國家應成為世界植物品種與資訊交換的中心，因此當時皇家植物園聘有六位著名的海外植物採集者，法國也成為當時收集最多植物標本的國家。

一七八八年，皇家植物園派植物學家馬丁（Joseph Martin）到馬達加斯加，做有系統的植物採集。馬丁採集到許多植物，並一一記錄其生長環境的特性。他寫道：「每種植物都有其特殊的功能，沒有一種植物沒有用途。」他特別帶回一種植物的種子到皇家植物園裡栽種，當種子漸漸發芽、長成大樹並開花時，滿樹的紅花，令巴黎人驚豔不已，這樹後來被稱為「鳳凰木」（*Delonix regia*）。

鳳凰木樹冠大，形狀如傘，有很好的遮蔭效果。不過後來的栽種者發現該樹枝幹弱，根系淺，容易被強風吹倒。加上若生長在排水不良的地方，根系易染菌害導致腐爛，會有毫無預警就驟然倒下的危險。為減少倒下的不確定性，鳳凰木最好栽種在土壤深厚、排水良好，且四周較為空曠的地方。

自然環境的監視器

一八九五年日本佔領台灣後，台灣總督府即派農業專家到印尼、越南、澳洲、南非等地，採集不同品種的甘蔗帶回台灣試種，以發展「製糖業」。其中，前往南非的專家，於一八九七年回程時順便將鳳凰木帶到台灣。因此台灣最早一批的鳳凰木，大都長在糖廠裡，鳳凰木成為台灣糖廠的地標植物。我的父親曾在彰化糖廠工作，我小時候多次到糖廠，對場內盛開的鳳凰木印象深刻。由於鳳凰木耐熱、耐旱的特性，所以台灣南部的鳳凰木，生長特別茂盛。

迄今，我仍喜愛在搭火車時，一路上記錄各地鳳凰木開花的狀況。南部的鳳凰木在四月初已開花，北部要到五月才開花。鳳凰木的花是大自然的溫度計，每一年的開花期都稍有不同，大都是氣候一轉熱，花朵就盛開。

鳳凰木的葉子對空氣汙染中的二氧化硫（SO_2）與氧化氮（NO_x）等酸性氣體，非常敏感。遇到酸雨，就容易落葉。由此可知，可在工業區的周邊多種植鳳凰木，讓廠家自我檢視工廠排氣是否造成空氣汙染。

人類對於植物的無知

在科學史上，十八、十九世紀是發現植物種類的「黃金期」。不過發現植物種類的多少，不代表了解植物的深淺；能給植物取名，不等於明白植物存在的意義；能夠種植植物，與明白植物實質的價值，也常不對等。例如路易十五是將自海外歸化植物的數目，當成政治「勝利」的象徵。

市面上，即使有不少植物圖鑑，仍是了解植物的起步，而非終點。迄今，人類對植物的了解非常有限，我們面對植物界仍處在一片無知的曠野，然而，這正是植物「生命科學」迷人的地方，還有許多未知等待著人們去發現。

當我們觀察鳳凰木時，也許會發現生長方向朝南的樹枝，經常比朝北的樹枝多一些，難道鳳凰木仍在懷念昔日馬達加斯加的烈日？鳳凰木在較熱的地方有時先長葉後開花，在較冷的地方有時葉、花同時生長，難道鳳凰木要先確定有夏期已到，才要大量開花？我們可以一邊觀察，一邊探問自己。

耐旱的本領

鳳凰木的葉子會隨日照與土壤水分的多寡，而產生變化。土壤暫時缺水或陽光太強時，葉片角度會向上微揚；土壤持續缺水，葉片轉為向下低垂；土壤水分嚴重缺水，葉片會閉合，這時的土壤水分，稱為「凋萎點」（wilting point）。此時若不加灌一些水，鳳凰木會大量落葉，甚至死亡。

一九一六年，美國堪薩斯農業大學（Kansas Agricultural College）植物學者蓋特（Frank Gates）首先發現，鳳凰木的葉子會以不同的角度開合，是處在烈日下減少水分蒸散的機制，他稱此為「旱生植物葉片移動」（Xerofotic movement in leaves）現象。他也發現新長的葉子，對缺水的逆境愈敏感。此外，葉片在夏季時比在秋冬時敏感。他寫道：「植物會主動的配合周遭環境，讓枝葉擺到最有利的生長位置，包括展向光照、溫度適合的位置……植物的葉子在夜間閉合，閉合的角度卻是明早太陽升起的方位。」

植物教育的目的

平日上課之外，我偶爾會與學生出遊。有一次與學生們相約在園藝學系的門口，結果許多學生找不到該系的系館，甚至有人找到獸醫學系去了。後來，我與學生相約在鳳凰木下見面，結果全員到齊，看來還是鳳凰木比較好認。我常以鳳凰木的葉子為例，告訴學生：「生命總會遭受挫折，挫折之時雖然會退縮，但退縮是承受下一道光照的好位置，也許這是鳳凰木給我們的好提醒。」

曾經有個學生問我：「人認識植物有什麼用呢？」

我如是回答：「可以認識人。」

火車教室

一九七九年秋天，那是我年輕的時候，我與指導教授徐玉標老師一起搭火車南下開會。我一上火車就想閉起眼打瞌睡，這時老師把我叫醒，然後說了一句影響我一生的話：「一個念科學的人，要把坐火車，視為觀察自然環境最好的機會之一。」

二十多年來，我一直記取老師的話，每次搭火車就看著窗外。觀察遠山，能分辨天氣；看各地土壤的顏色，可以推測土地的形成；看各處圳路的水位，可以知道水稻灌溉的狀況；看河川的水流，可以知道上游的水土保持；看栽種的作物，可以知道各地的生長狀況；看山坡地生長的植物，可以知道當地農村的生活與人文概況。看火車窗外的景致，其收穫往往超過一張火車票的票值。

我也喜歡在火車上一路對孩子或學生，講解各地的水、土、植物與鄉土人文，甚至我在搭乘捷運時，也常沿途講解每一站的地理環境與人文歷史。我逐漸發現，台灣鄉土不只是一種歷史的學習，也是一種自然科學的教育材料，能夠引起學生探索自己生長土地的興趣。

一年一年的過去，從年輕時跟著老師坐火車學習的日子，直到現在陪著學生展開一趟火車教室之旅，我仍是台灣大地上，一個快樂學習、愛鄉愛土的教授。台灣鄉土情，怎能叫人不喜愛呢？

篇章十五

茶裡的玉堂春

玉堂春

學名：*Gardenia jasminoides*
科別：茜草科
特徵：屬常綠小喬木。春末夏初開花，花瓣五至八片，初開時呈白色，花謝時轉為乳黃色。為香花植物之一，花朵曬乾後可做成茶葉的香料。果實成熟時為橙紅色，可做為染料。

花朵的香味，
彷彿是大自然給人的邀約，
讓人聞到香味，前往探尋。
植物花香，給人喜悅，帶來安詳。
植物是造物者給人的財富，
接近就能享有，完全不用競爭而得。

有些學生下課後，常來問我各式各樣的植物問題：「女生宿舍前某一棵樹的樹幹長刺，是生病了嗎？」「校園有一個地區，整排樹都枯黃了，是怎麼一回事？」「教室旁的一棵樹，昨天下午突然倒下來，是什麼原因？」我按所知，一一去解答。我若不知道，就請教比我懂植物的朋友，或是管理農場的技師。學生問得愈多，我就懂得愈多。

教學相長

有一次，有個學生問：「學校保健室的牆邊，有一種香香的花，那是什麼植物？」我時常經過保健室，知道長在保健室大門附近的幾種植物，竟然沒有注意到有香花植物。為此我還特地去保健室附近查訪。教學就是這樣，有時，學生就是我的老師。

我經常不願給學生植物的名字，或是植物學的一個名詞，讓學生以為這就是最終的答案。知道名字只是起頭，還應該藉由親自去觀察，蒐集資料，深入所看。自然觀察是保持謙虛的態度，也在培養自我學習的能力。每個熱愛植物的人講解植物都有其特點，我則喜歡加入故事解說，讓學生可以結合科學的角度與文史的眼光，來認識植物。其實讓學生認識校園裡每種植物的歷史淵源，是很有意思的事。

栽培的心靈

十八世紀中期，英國有個植物學家名叫愛利斯（John Ellis, 1710–1776），他的家境富有，擁有一座偌大的花園。但是他經常像個乞丐似的，到港口向返鄉的旅客詢問：「有沒有海外帶回來的植物可以送給我？」或是「可不可以幫忙自海外取回一些未知的植物？」他因而被路人譏笑為「花的乞丐」。

後來，幾個船長禁不住好奇，便詢問他到底需要什麼植物？愛利斯答道：「海外的任何植物都是珍寶。」船長們詢問將植物帶回的方法，他取出一個木板製成的盒子，盒子長約十公分、寬與深度約五公分，木盒內有用細布包裹的土壤，盒子上方有道把手，可做為提攜之用。

他又說明盒子內的土壤，是砂土與黏土各半，他預先將兩者充分混合。土壤的表面，有一塗蠟的油布。他請船長們將海外的植物，取高度不到三十公分的植株，連根移植到盒子的土壤裡，加一點淡水，再覆上油布以防海水，盒子上方有一排扣子，避免油布被海風吹走。這是最早的植物盆栽移植法，足以顯出他的設想周到。

愛利斯是個愛花的人，他喜愛花的理由是：「花的生長，顯示大自然變化有次序，不是反覆無常。對花的認識，給人帶來喜悅。當愈多人喜愛花朵，將孕育無數『栽培的心靈』（spirit of planting），這將提升人民的素質。」他又寫道：「花草能啟發人興趣，卻經常被人忽視。人對大自然的喜愛，常常來自對植物的關愛。喜愛栽培植物的人有福了，他會先聞到花香。」

配茶的香片

一七六〇年，有位船長自中國取回兩種植物給他，一種是茶樹，另一種名字不詳。前者中國人用冷水來浸泡飲用，據稱有益身體健康，能避免感染流行性瘟疫；後者的花朵很香，中國人將其曬乾，放在茶中以增香味，稱為「香片」。香片也對身體有益，中國人認為可以活絡血脈（降低高血壓），並稱此植物為「玉堂春」（又名梔子花）。

玉堂春是個優美的名字，中國人常將美好之物比喻成「玉」，例如：白色的果肉叫「玉荷苞」，蒸煮的白米飯叫「玉炊」，雪白的冰叫「玉雪」，好看的石頭叫「玉石」，年輕的美女叫「玉女」，年老的美女叫「玉婆」，好看的男人

叫「玉樹」等。著名的京劇《蘇三起解》，蘇三的別名就是「玉堂春」，大概是形容她的皮膚雪白。

愛利斯研究茶樹，開啟西方學者對於中國茶的研究與栽種。一七六一年，他將這個花朵很香的植物，命名為 *Gardenia jasminoides*，這是玉堂春學名的由來。他認為玉堂春花朵的花瓣，於夜間會染上月亮的色暈，產生一種特殊的美感；其葉片間並不緊簇，能透光而不幽暗，是營造「夜間花園」（moon garden）的好花材。玉堂春後來自英國傳到歐洲其他國家，尤其在義大利，深受人們喜愛。一九一五年，台灣也有玉堂春傳入，大都種在花園的轉角處，夜裡的風，將花香傳得更遠。

花香的由來

玉堂春的香味主要來自苯乙烯，還有上百種揮發性的有機類，如酯類、醛類、烯類等組成。這麼多種氣體的混合，進入人的鼻孔，經由嗅覺細胞的感應，再由神經將感應的訊號傳到大腦，由大腦判斷訊號是「香味」。花朵香味的背後，是許多酵素與生化的反應，才能產生這麼多種的有機物，這實在是很奇妙的轉換歷程。迄今，人類認為最好的香味，仍是來自花朵香味濃縮成的香精，而非來自人工化學的合成，可見一朵平凡花朵的化學反應，遠超過自稱為「高科技」的人工合成技術。

我非常喜愛植物學史，每次回答學生問題的故事史料，來自學生時代對植物科學史的研讀。學生的問題，等於給我機會，整理過去的所學。現在來回答文章開頭學生們的疑問：女生宿舍前，樹幹長刺的植物是「美人樹」（*Chorisia speciosa*）；整排枯黃的是「水杉」（*Metasequoia glyptostroboides*），枯黃的原因是附近實驗室經常排放酸性的氣體；突然倒下的是白千層，因為內部被蟲蛀光。至於保健室大門的香花植物？就是玉堂春。

我在觀察玉堂春時，發現該樹鄰近窗戶，還不敢太靠近，以免在那裡探頭探腦，被誤認為偷窺狂呢。

篇章十六

耐颱風、抗淹水的茄苳

茄　苳

學名：*Bischofia javanica*

科別：大戟科

特徵：台灣原生植物，屬半落葉性大喬木。最大特徵在於三出複葉與紅棕色樹皮，果實成熟時為深褐色漿果。因初春時節有換葉現象，之後開黃綠色花並吐出新葉。生命力旺盛，樹齡常在三百年以上。

我常收集植物的落葉，
當做植物給我的「名片」。
不同的植物，給的名片都不同，
甚至同一棵植物，在不同的日子，
名片的厚薄、顏色、形狀、大小等都不相同。
植物一定很想與人交往，
他們樂意與人分享，
只是，許多人不太關心，踐踏葉子而過。

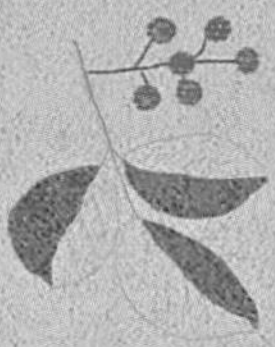

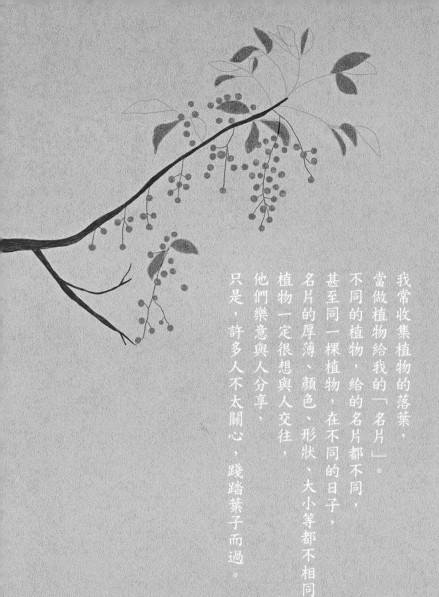

長期以來，南太平洋的許多島嶼上，有一種奇特的樹木，颱風愈多，他生長得愈茂盛。他的樹幹很堅硬，根系抓地力強。在潮濕、高溫、多日照的地方，生長的速度特別快，幾年之內就可以長數公尺高。他們禁得起颱風的原因是：即使在強風吹襲下，主幹不易倒，枝幹不易斷；颱風來時，樹葉雖會掉落，颱風離去，樹葉很快復生，不久又形成一片的綠冠。這種生命力很強，被颱風破壞後，仍有高度復生率的物種，他的名字稱為「茄苳」（*Bischofia javanica*）。

有光照就能生長

許多南太平洋島嶼居民的生活，與茄苳具有密切的關係。茄苳暗棕色的樹皮可以染色，葉子可以治病，樹幹可以擋風，種子經鹽漬後可供食用。特別在空曠的低地，茄苳強勢生長，遮蔭性強，可高達十二至十八公尺。因此，茄苳樹下經常成為居民聚集、閒聊的地方。台灣許多的地方經常可見大茄苳樹，樹齡常在三百年以上，枝葉卻依然茂盛。樹下常放置桌椅，供人休閒、乘涼。

我是農家子弟，故居在彰化的鄉下——「柴坑仔」。柴坑仔的鄰近有一個小村，名叫「茄苳腳」，位於八卦山的山腳下，那裡的茄苳樹數量眾多。鄉下的老人曾告訴我，下大雨、淹大水時，土角厝可能會被水沖走，但是茄苳樹卻能在洪水中屹立不搖。因此大水氾濫時，會爬樹的人可以爬上茄苳樹，不會爬樹的人可以爬低處分枝的「番石榴樹」（*Psidium guajava*）。無論如何，切記千萬不要爬電線桿，人在電線桿上不易施力，容易滑落，被水沖走。

東印度公司的專家

在科學史上，最早注意到茄苳樹的人，是植物學家布魯姆（Carl Ludwig Blume, 1796–1862）。他生於德國的布倫瑞克（Braunschweig），畢業於萊登大學的植物學系。當時，「荷蘭東印度公司」（Dutch East India Company）在印尼、馬來西亞等地進行開發，發現許多未為人知的野生種蘭花。由於不同種的蘭花外表近似，需要有一位鑑定蘭花的分類者，布魯姆應徵並接任此職。一八一八年，他前往馬來西亞，擔任此工作達四十多年，是近代「蘭花學」的開啟者。

一八二七年，他在研究蘭花時發現，蘭花寄生在另一未知的樹種上。仔細鑑定後，他對外發表，這樹種就是我們現在熟知的茄苳。他曾寫道：「精確的觀察，是釐清對未知困惑的方法。如果一時無法釐清，我寧願保留自己的無知，不下結論。」

葉尖的奧祕

自然科學的知識可以藉讀書而得，但是不能用書本取代親身的自然觀察。書本不能詳述所有的知識，唯有透過觀察而得的發現，才會促進知識的更新。例如，我很喜歡觀察茄苳葉子的葉尖，總覺那是植物迷人的細微之處，但是很少書籍提到葉尖觀察的意義。

葉尖是在葉片的尖端，觀察植物的葉尖，可以明瞭植物的許多特性，彷彿中醫師看到人就先來把個脈。葉尖，是植物輸送水分與營養的末端。植物如果缺水，葉尖最早顯出徵狀。植物若缺乏營養，葉尖就會變色。

葉尖的外緣周長較多，易受植物周遭溫度與濕度的影響。葉尖是植物葉片生長的控制點，會影響葉片的厚薄。葉尖也是奇妙的造型結構，讓葉面的露珠與雨滴容易由此落下，減少葉面因潮濕易染黴菌。

變化無窮的葉尖之美

茄苳的葉尖變化無窮，有順著葉緣向前長，有的葉尖向右旋，有的葉尖向左旋，有的葉尖左旋之後又右旋。即使是生長在陽光充足的空曠地，葉尖也有多種旋轉的變化，彷彿每片樹葉都有道看不見的方位做主軸，讓主軸兩端的葉尖，朝主軸偏轉。

由於茄苳的遮蔭性強，校園常種茄苳，可減少日光直曬教室。茄苳很少分泌刺激性味道，能貼近教室的窗口種植。茄苳多結成串果實，吸引許多鳥類前來。茄苳的果皮較厚，在鳥體內可以保持十八小時以上，依然保持完整，是鳥類愛吃，卻不易消化的種子。但愛吃茄苳種子的鳥類，也常成為傳播種子的郵差。

茄苳教我一門課，那就是：做為一個傳遞知識的老師，課程內容不一定要煮得稀爛，學生才易吸收。學生的成長，有時需要不易消化的教材，學生一時不易消化，卻能引發思考，讓人帶著問題去成長。

張文亮話教育

「活」的鄉土教育

我在大學的課堂裡，多次與學生交談，發現現在的孩子對於台灣鄉土的無知。

當我問：「高雄市明明沒有什麼大湖，怎麼會有一個『湖內』區？」「嘉義有一個地方叫『水上』，是在什麼水的上面？」「雲林的土地是一片的平坦，怎麼會有地方叫『二崙』或是『崙背』？（崙是高起來的地方）」……

學生聽了這些問題，總是一臉的迷惘，好像我是在問火星上的某個地方。其實不能責怪學生，因為就連一般人，甚至是在地人，也很少知道自己生長的鄉土故事。

台灣各地的地名，都有自身迷人的故事。不僅如此，地名也常與植物的關係密切。例如：屏東山邊有「莿桐」，高雄有樹叫「蔦松」，雲林樹多叫「林內」，彰化蓋屋用「茄苳」，新竹丘陵有「苦苓」，桃園圍村用「竹圍」，台北山邊有「芎林」，花蓮也有「拔仔樹」。

台灣諺語也能做為認識植物的材料。例如：「一枝草，一點露」，這是真的還是假的？如果是真的，在什麼氣候下會有露珠？只有一點露珠嗎？可不可能有兩點露珠？如果只是一點，那是在草的什麼部位？是葉子嗎？如果是葉子，那又是在葉子的葉尖？葉片？或是葉柄上？每一個問題都可以仔細觀察、記錄、分析與思索。

我想，台灣鄉土是活的。教育，應該有更多種可能。

篇章十七

守住海陸交界的朴樹

朴樹

學名：*Celtis sinensis*
科別：榆科
特徵：屬落葉大喬木，高可達二十公尺，樹皮呈黑褐色，枝條密生彎曲。單葉互生，基部略歪斜不對稱。果實球形，成熟時呈橙黃色，鳥雀常食。從前孩童常將朴樹果實當成竹槍子彈，小小的朴子果遂成許多人的童年記憶。

在我的實驗室外面，有一棵朴樹，
這樹的枝葉茂盛，春天結果時，吸引許多鳥類聚集。
有時，學生因輪排值日生，要來掃朴樹落葉，
偶爾見學生掃得有點憂鬱，用哀怨的眼神望著我，
似乎想吐露：「若將這樹砍了，就不用掃地了。」
我搖頭說：「不行，這是市政府認定的百年老樹，何況，
這樹還有其他的功能。」
「什麼功能呢？」學生好奇的問道。
「這棵樹在提供機會，讓學生知道，成為一個好學生，
要會讀書，也要會掃地。」我說道。
「那對於老師呢？」學生問道。
「也是一樣，二十多年來，我在這裡已經掃了千百次。」

「朴樹」（*Celtis sinensis*）是一種怪樹，喜歡生長在海邊、河濱，或是平原的低窪處。朴樹有幾百年的壽命，以致成為地理環境變遷的見證者。當平原的低窪處被填高、海口泥沙的淤積、海岸線的變動，將使朴樹失去生長優勢，甚至被其他的物種所取代。老朴樹生長的地方，表明那是早期積水的邊線。

海陸交界的見證

朴樹的遮蔭性很強，過去農民將土地開發成稻田，常將朴樹砍去，以免擋光。台灣西海岸早期有許多朴樹，後來大都被砍去。嘉義有條朴子溪，臨近溪的出海口有個朴子鎮，曾是嘉義阿里山林場木材的輸出港。朴子便是朴樹所結的果實。我曾到那裡觀察，發現所存的朴樹已經不多。

日本時代，有些日本學者為了記錄湖泊變遷為農地，農地變更為都市，提出要將早期的朴樹留下，以標示那是以前水陸的交界線。例如著名的日本植物學家宮部金吾（Kingo Miyabe, 1860–1951），於一八八九年擔任日本北海道大學植物標本館長時，便仔細收集朴樹在不同地區生長的紀錄，這稱為原生樹記錄，做為早期北海道海岸線變遷的證據。後來植物在地理空間的分布疆界，便以宮部金吾之名，稱為「宮部線」。他也發現植物的生長有地理空間的設限，越過設限的植物容易感染黴菌，或因溫度逆境而死亡，這現象成為植物分布地理學的基礎論點。

奇妙的生存本領

朴樹具有特強的生命力，才能生長在河口沼澤地與海陸邊界線。這生命力包括：第一，朴樹的種子要在土壤水分接近飽和的情況下，才能發芽，所以朴樹幾乎沿著河道或海岸線繁殖。第二，朴樹的材質很輕，結構不緊，才能生長於沼澤地的爛泥巴裡，不會愈長愈重，愈往下沉陷。第三，朴樹的枝子具有高度的彈性，在強風下，彎曲卻不易折斷。而且長得愈高，枝幹的彎曲度愈強，是濱海濶葉植物中，最能彎曲的物種。可惜，許多人不了解，以為易彎曲的木頭不能做好建材，因而大量砍伐。

第四，朴樹的葉片結構特殊，葉片上方葉緣有很細的鋸齒狀，可在強風之下，營造葉片周遭不同風壓，使葉片不易被風捲走。葉片有三葉脈，其葉脈不對稱，使葉片受力時，力量能均勻分散，這是巧妙的「預力結構」，葉子還沒有受風之前，就加強某方位的受力。

親愛的讀者，如果喜歡研究建築結構學，請仔細觀察朴樹葉片的結構，便可了解如何使用輕質的材料與造型，在高風速下耐風的奧妙。

保留開闊的空間

第五，朴樹是多結果子的植物，一棵朴樹一年所結的果子（朴子）超過一千粒。結果子的時期在冬天，那是許多動物不易獲得食物的時候。朴子是圓形的小粒，直徑不到一公分，重量很輕，不會增加朴樹枝葉抗風時額外的重量。

我經常在朴樹下，看到掉落的朴子很快的被昆蟲攝食，或被細菌分解，實在佩服這植物與其他生物之間，存在著巧妙的平衡。

經常有同學問道：「老師講了一般朴樹的功效，但是我們實驗室前這棵老朴樹，有什麼特殊用處呢？移到別處也可以啊！」唉，我對這種以「人」為本的想法，大嘆口氣。朴樹因為需要充分的陽光，才要長在開闊空間的地方，但是校園發展常以大樓取代空曠，結果校園空間愈來愈小，給師生帶來空間的壓迫與窒息感。

我就任的學校也曾認為實驗室前的空間不用那麼大，想砍掉老朴樹，另蓋大樓。沒想到這時，不曉得從那裡飛來的幾隻貓頭鷹，在這棵老朴樹上住下來了，

夜裡還在樹上咕咕叫。剛好這幾隻貓頭鷹是保育種，為此學校臨時踩剎車，保留了老朴樹。迄今，我與學生才能在朴樹下散步、做實驗，享受朴樹的蔭涼。

有趣的是，當學校做了停建決定後，貓頭鷹就搬走了，沒有再回來。現在沒有貓頭鷹的咕咕聲，只有掃地學生的嘆息聲，與我快樂的歡笑聲：「同學，辛苦了。那邊，還有一些樹葉，也要掃一掃。」

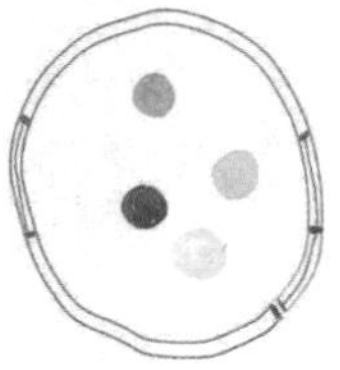

篇章十八

美麗與戰爭的阿勃勒

阿勃勒

學名：*Cassia fistula*
科別：蘇木科
特徵：屬落葉大喬木，株高可達二十公尺，樹皮光滑，呈灰白色。葉為羽狀偶數複葉，小葉三至八對。總狀花序腋生，五至六月開花，花為鮮黃色小花成串懸垂。有五個花瓣，初為黃色，凋落前會變白色。果莢為長條圓柱狀，相當堅硬，成熟時由綠轉黑，長約三十至六十公分。

「老師，為什麼校園裡會種植阿勃勒？」學生問道。

「嗯，這是個有趣的問題。你們猜猜是什麼原因？」我反問道。

「阿勃勒開成串的黃花，很漂亮。」一個學生答道。

「答得好。還有別的理由嗎？」我轉頭看其他的學生。

「長得快」、「少有病蟲害」、「不用照顧」……學生紛紛說道。

「這些說法都很好。還有別的答案嗎？」我緩緩說道。

「聽說阿勃勒有毒，校園裡為何要種有毒植物呢？」有學生補充道。

「誰說校園不能種植有毒植物？」我微笑著反問。

公元前三二七年，亞歷山大大帝（Alexander the Great, 356B.C.–323 B.C.）揮軍攻下波斯，進軍印度。亞歷山大是戰爭的天才，他率軍與印度軍團對戰時，發現對方以一種硬質的木頭，做為刀柄、木盾與馬車的車輪。後來他沒帶走印度的領土，卻帶走這不知名的木頭。亞歷山大在回返的途中病逝，由軍隊將這木頭帶回歐洲。

航海者的發現

希臘時期的哲學家曾討論這根木頭可能源自何種植物，但是歐洲從未見過這種植物，因此了解非常有限。後來這根木頭也遺失了，成為一個傳說：在喜馬拉雅山東南方山麓，生長了一種植物，能夠快速成長，材質卻很堅硬。這個傳說引人興味之處在於，一般人認為「生長快的植物，木頭材質較軟；反之，生長慢的植物，木頭材質較硬。」顯然，這則「木頭傳說」證明這種說法有其例外。

十六、十七世紀是荷蘭發展海上航運的黃金期。遠航的船隻必須用好的木頭建造，這種木頭需要耐壓、有抗浪的張力；日曬不收縮，泡水不腫脹；材質緊密，使海水不易滲入，久泡不龜裂；木頭表面光滑，容易清洗；木頭不吸附艙底廚房的氣味，保持船上空氣流通的功能。

荷蘭遠航至任何地方，都在尋找好木頭，後來荷蘭的商船航行到亞洲，更需要在地的木頭，來供應船隻的更新與修補。直到十六世紀後期，荷蘭人終於在印度發現了「木頭傳說」中的主角——「阿勃勒」（*Cassia fistula*）。

阿勃勒來台灣

一六〇二年，荷蘭東印度公司成立。後來，每當東印度公司在海外設立新據點，荷蘭人就在該地種植阿勃勒。一六四五年，荷蘭人將阿勃勒移種台灣，除了做為船料，也提供給台灣的農夫製作農具。至今，淡水仍有一條溪，稱為

「公司田溪」，溪邊的農地整齊有序，是荷蘭東印度公司開墾的田地，甚具台灣開發史的紀念價值。由於荷蘭取這種植物來台灣時，用印度語 Ca-bur-num 稱之。早期平埔族人可能用此譯音為 a-bo-la，後來便稱為「阿勃勒」。

十八世紀，荷蘭人航海勢力式微，阿勃勒的神奇之處始傳播開來。法國植物學家蒙梭（Henri-Louis Duhamel du Monceau, 1700-1782）開始用物理檢測的方法，量測阿勃勒木頭所能承受的壓力與拉力。他用實驗證明，阿勃勒的確是良好的建材，這項研究也開啟了近代的「材料力學」。英國的數學家羅賓斯（Benjamin Robins, 1707-1751），則自印度取得阿勃勒，認為可做為大炮基座的好材料，他也開啟了「彈道分析學」的研究。我常想，阿勃勒的另

一個名字，應該叫「耐操耐磨、永不改變」。

植物教人謙卑

許多學生知道阿勃勒的開花之美，實在令人欣慰，證明他們是成長在平安的年代，不知道阿勃勒曾經做為軍事用途。但是除了欣賞阿勃勒的開花之美，還有許多地方可以觀察，例如：阿勃勒嗜熱、耐旱，開花期為四至六月。南部的阿勃勒是落葉後開花，北部則是長葉後再開花。阿勃勒的種莢在樹上可保存很久，呈直條「熱狗」狀。這種造型的果莢落地後容易滾動，將種子散布至遠處。果莢內的種子大小不一，愈小的種子表面積大，水分易滲入，將先發芽；反之，較大的種子反而後發芽，因而造成同一果莢的種子，在不同的時間與環境，產生不同發芽機會的現象。

阿勃勒耐於承受空氣汙染，又能吸收大量土壤重金屬，是近代汙染整治場最合適栽種的植物之一。即使知道這些，我仍不明白阿勃勒能生長快速，材質卻堅硬的祕訣。我雖長期觀察植物，仍需承認自己無知，必須時時保持謙卑學習的態度。

不過，做個無知的人，還是可以很快樂。當我站在阿勃勒的樹下，欣賞著每根種莢造型各異的趣味。看呀，看呀，無論早晚，只要看著阿勃勒，就是這麼自由與喜樂。

結語

認識植物，真好

一天下午，我與妻子在校園散步、談心。忽然她嘆口氣說：「最近晚上都睡不好。」

我關心的問道：「怎麼了？」妻子將手舉起，說：「富貴手，晚上天氣熱，就會發癢。」

這時，我們剛好經過一棵楓香樹（*Liquidambar formosana*），我說：「我剛好知道一種減少皮膚發炎的特效藥。」我走到楓香樹旁摘下一片楓香葉，將葉子放入嘴中嚼一嚼，然後將嚼爛了的葉片，塗抹在妻子手上。

妻子嚇一跳的問：「這是什麼治療法？」

我說：「楓香的葉子，一年四季的味道都不同，春夏之間的味道最強，合成的化學物質也多。早期泰雅族原住民認為，楓香葉子具有消炎止癢的效果。」

妻子有點感動說：「葉子表面很髒，你還放在口中。」

我說：「一連下了幾天的雨，葉面不會髒的。」

妻子關心的說：「你現在嘴巴會不會麻？肚子會不會痛？要不要回去漱口？」

我說：「我沒問題，如果有效，以後每天都可提供這種服務。」

隔天上午，妻子對我說：「你看，我的手真的都不癢了。」

我放心的一笑，說：「以後，再讓我告訴你有關植物的故事……。」

啊！認識植物真好。

參考文獻與延伸閱讀

篇章一

1. Frängsmyr, T. (Editor), 1994. *Linnaeus: The Man and His Work*, University of California Press, U.S.A.
2. Holmes, F. L., 1991. *Hans Krebs: The Formation of a Scientific life 1900-1933.* Oxford University Press, U.S.A.

篇章二

1. Harshberger, J. W., 1923. Hemerecology: the ecology of cultivated fields, parks, and gardens. *Ecology*, Vol. 4, No. 3, pp. 2970306.
2. Harshberger, J. W., 1913. The acid spotting of morning glories by acid rain. *Science*, Vol. 39, No. 981, pp. 548.

篇章三

1. Dalrymple, A. K. & J. B. Fisher, 1994. The relationship between the number of expanded and developing leaves in shoot apices of palms. *American Journal of Botany*. Vol. 81, No. 12, pp. 1576-1581.
2. Zona, S., 1996, Roystonea (Arecaceae: Arecooideae). *Flora Neotropica.* Vol. 71, No.16, pp. 1-35.
3. 中村三八夫，1944。《南國の果物》。東京：東都書籍株式會社台北支店。

篇章四

1. Chasan, R. & D. Schoen, 1998. One hundred years of forest modeling. *BioScience*, Vol. 48, No. 1, pp.7.
2. Blanchette, R. A., 1991. Delignification by wood-decay fungi. *Annal Review of Phytopathology*, Vol. 29, pp. 381-398.
3. Nilsen, E. T., 1991. The relationship between freezing tolerance and thermotropic leaf movement in five *Rhododendron* species. *Oecologia*, Vol. 87, No.1, pp. 63-71.

篇章五

1. Jeffrey, E. C., 1917. *The Anatomy of Woody Plants*. The University of Chicago Press, U.S.A.
2. Carey, S. P., 1923. *William Carey, D. D., Fellow of Linnaean Society*. George H. Doran Company, U.S.A.

篇章六

1. Tippo, O. & W. L. Stern, 1977. *Humanistic Botany*. W. W. Norton & Company, U.S.A.
2. Daubenmire, R. F., 1947. *Plants and Environment: A Textbook of Plant Autecology*. John Wiley & Sons, Inc., U.S.A.

篇章七

1. Lemmon, R. S., 1946. *The Best Loved Trees of America*. The American Garden Guild and Doubleday & Company, U.S.A.
2. Rogers, J. E., 1909. *Trees: Every Child Should Know*. Grosset & Dunlap Publishers, U.S.A
3. Thompson, D., 1917. *On Growth and Form*. Cambridge University Press, U.K.

篇章八
1. Helmstädter, A., 2007. Antidiabetic drugs used in Europe prior to the discovery of insulin. *An International of Pharmaceutical Science*, Vol.62, No.9, pp.717-720.
2. Cockerell, T.D.A, 1923. Sir Isaac Bayley Balfour. *Nature*, Vol. 111, No.2779, pp.150.

篇章九
1. Dewey, L.H., 1943. Fiber production in the western hemisphere. United States Department of Agriculture. *Miscellaneous Publication*, No.518.
2. Dewy, L.H., 1897. The camphor tree. United States Department of Agriculture. *Division of Botang*, No.12.
3. Howes, F.N., 1927. The variability of the camphor tree in Formosa. *Bulletin of Miscellaneous Information* (Royal Garden, Kew), Vol.1927, No.4, pp.157-164.

篇章十
1. 島田彌市，1969。〈島田彌市自傳〉。The Japanese Society for Plant Systematics, Vol.24, No.3, pp.90-104.
2. 日比野信一、島田彌市，1937。〈仙腳石海岸原生林〉，收錄自《天然紀念物調查報告》，第四輯。東京都：台灣總督府內務局。

篇章十一
1. Watts, I., 1814. *The Improvement of the Mind*. J. Walker and Company. U.K.

篇章十二
1. Bentham, G., and F. von Mueller., 2011. *Flora Australiensis, Volume 2*. Cambridge University Press. U. K.
2. Mueller, F., 1855. *Definitions of Rare or Hitherto Undescribed Australian Plants*. Goodhugh & Trembath. Colony of Victoria(Melbourne).

篇章十三

1. Melville, R., 1960. Epilobium pedunculare A. Cunn. and its allies. *Kew Bulletin*, Vol. 14, No.2, pp. 296-300.
2. Haiden, J. H., 1906. Sydney Botanic Gardens. *Bulletin of Miscellaneous Information* (Royal Garden, Kew), Vol. 1906, No.6, pp. 205-218.
3. Mabberley, D. J., 1978. Herbaria of Allan Cunningham, Robert Heward and others at the Chelsea physic garden, London. *Taxon*, Vol. 27, No.5/6, pp.489-491.

篇章十四

1. Gates, F. C., 1916. Xerofotic movements in leaves. *Botanical Gazette*, Vol. 61, No. 5, pp. 399-407.
2. Wolcott, G. N., 1951. Time of flowering of Delonix regia. *Science*, Vol. 114, No. 2960, pp. 307-308.
3. Hodges, C. S. & J. A. Tenorio, 1984. Root disease of Delonix regia and associated tree species in the Mariana Islands caused by Phellinus noxius. *Plant Disease*, Vol. 68, No.4, pp. 334-336.

篇章十五

1. Sprague, T. A., 1929. Gardenia or Warneria. *Bulletin of Miscellaneous Information* (Royal Gardens, Kew), Vol. 1929, No. 1, pp. 12-16.
2. Rauschenberg, R. A., 1978. John Ellis, F. R. S.: eighteenth century naturalist and royal agent to west Florida. *Notes and Records of the Royal Society of London*, Vol. 32, No. 2, pp. 149-164.
3. Ellis. J., 1773. *Some Additional Observations on the Method of Preserving Seeds from Foreign Parts, For the Benefit of Our American Colonies*. W. Bowyer and J. Nichols Co. U.K.

篇章十六
1. Scholz, H., 1987. *Botany in Berlin*. Botanischer Garten und Botanisches Museum. Germany.
2. Yamashita, N., Tanaka. N., Hoshi, Y., Kushima, H. & K. Kamo, 2003. Seed and seedling demography of invasive and native trees of subtropical pacific. *Journal of Vegetation Science*, Vol. 14, No. 1, pp. 15-24.

篇章十七
1. Chase, W. W. 1933. Henri Louis Duhamel Dumonceau. *Plan Physiology*, Vol. 8, No. 3, pp. 162-166.
2. Pritchard, J., 1987. From shipwright to naval constructor: the professionalization of 18th-century French naval shipbuilders. *Technology and Culture*, Vol.28, No.1, pp.1-25.
3. Johnson, W., 1992. Benjamin Robins, F. R. S. (1707-1751): new details of his life. *Notes and Records of the Royal Society of London*, Vol.46, No. 2, pp. 235-252.

篇章十八
1. Salmon, E. S., 1900. The Erysiphaceae of Japan. *Bulletin of the Torrey Botanical Club*, Vol. 27, No. 8, pp. 437-450.
2. Meguro, S., & A. Miyawaki., 1994. A study of the relationship between mechanical characteristic and the coastal vegetation among several broad-leaf trees in Miura Peninsula in Japan. *Vegetatio*, Vol. 112, No. 2, pp. 101-111.

生命故事館 001

河馬教授說故事：大自然裡的生命教育

作　　者｜張文亮
內文繪者｜許書寧
封面、篇章頁與專欄繪者｜李伊甯 nicaslife

責任編輯｜黃麗瑾
校　　對｜魏秋綢
美術設計｜ nicaslife
攝　　影｜何紹齊 p.186 ～ 187

發 行 人｜殷允芃
創辦人兼執行長｜何琦瑜
副總經理｜游玉雪
總　　監｜李佩芬
副 總 監｜陳珮雯
資深編輯｜陳瑩慈
資深企劃編輯｜楊逸竹
企劃編輯｜林胤孝、蔡川惠
版權專員｜何晨瑋、黃微真

出 版 者｜親子天下股份有限公司
地　　址｜台北市 104 建國北路一段 96 號 4 樓
電　　話｜ (02) 2509-2800　傳真｜ (02) 2509-2462
網　　址｜ www.parenting.com.tw
讀者服務專線｜ (02) 2662-0332　週一～週五：09:00~17:30
讀者服務傳真｜ (02) 2662-6048　客服信箱｜ bill@cw.com.tw
法律顧問｜台英國際商務法律事務所・羅明通律師
製版印刷｜中原造像股份有限公司
總 經 銷｜大和圖書有限公司　電話：(02) 8990-2588

出版日期｜ 2013 年 9 月第一版第一次印行
　　　　　2021 年 3 月第一版第十次印行
定　　價｜ 330 元
書　　號｜ BCCES001P
ISBN ｜ 978-986-241-762-1（平裝）

國家圖書館出版品預行編目 (CIP) 資料

河馬教授說故事 : 大自然裡的生命教育 / 張文亮著 .
-- 第一版 . -- 臺北市 : 天下雜誌 , 2013.09
192 面 ; 17x23 公分 . -- (生命故事館系列 ; 1)
ISBN 978-986-241-762-1(平裝)

1. 生命教育 2. 親職教育 3. 植物

528.59　　102016581

訂購服務
親子天下 Shopping ｜ shopping.parenting.com.tw
海外・大量訂購｜ parenting@cw.com.tw
書香花園｜台北市建國北路二段 6 巷 11 號 電話（02）2506-1635
劃撥帳號｜ 50331356 親子天下股份有限公司